图解阿德勒职场心理学

[日]岩井俊宪　编著

刘江宁　译

中国原子能出版社　中国科学技术出版社
CHINA SCIENCE AND TECHNOLOGY PRESS

Original Japanese title: SAKUTTOWAKARU BUSINESS KYOYO ADLER SHINRIGAKU.

Copyright © SHINSEI Publishing Co., Ltd. 2022.

Original Japanese edition published by SHINSEI Publishing Co., Ltd.

Simplified Chinese translation rights arranged with SHINSEI Publishing Co., Ltd. through The English Agency (Japan) Ltd. and Shanghai To-Asia Culture Co., Ltd.

北京市版权局著作权合同登记　图字：01-2023-3765。

图书在版编目（CIP）数据

图解阿德勒职场心理学 / （日）岩井俊宪编著；刘江宁译 . — 北京：中国原子能出版社：中国科学技术出版社，2023.10

ISBN 978-7-5221-2922-8

Ⅰ . ①图… Ⅱ . ①岩… ②刘… Ⅲ . ①职业—应用心理学—图解 Ⅳ . ① C913.2-64

中国国家版本馆 CIP 数据核字（2023）第 161594 号

策划编辑	褚福祎		**文字编辑**	褚福祎
责任编辑	付　凯		**版式设计**	蚂蚁设计
封面设计	马筱琨		**责任印制**	赵　明　李晓霖
责任校对	冯莲凤　邓雪梅			

出　　版	中国原子能出版社　中国科学技术出版社
发　　行	中国原子能出版社　中国科学技术出版社有限公司发行部
地　　址	北京市海淀区中关村南大街 16 号
邮　　编	100081
发行电话	010-62173865
传　　真	010-62173081
网　　址	http://www.cspbooks.com.cn

开　　本	880mm×1230mm　1/32
字　　数	126 千字
印　　张	5.125
版　　次	2023 年 10 月第 1 版
印　　次	2023 年 10 月第 1 次印刷
印　　刷	北京华联印刷有限公司
书　　号	ISBN 978-7-5221-2922-8
定　　价	59.00 元

前　言

本书能够被列为"商务知识并不难系列"热门项目之一，我感到无比荣幸。

除了我撰写的 40 余本图书，冠以"阿德勒心理学"的书不胜枚举，而本书是最浅显易懂、最实用且花费我最多心思的书。

特别是从实用性这一角度来看，阿德勒心理学的创始人阿尔弗雷德·阿德勒（Alfred Adler）非常忌讳自己的心理学理论只能为专家所用，他希望将研究成果惠及大众。

本书同其他后续出版的书一道继承了为民造福的精神。书中大量使用插图且兼具以下三大特征，同时也提供了许多应对现代各种职场心理问题的解决方案。

（1）通过学习"自我决定论"，你将掌握自己的人生并确定适合自身的生活方式。

（2）通过将关注点从探寻事物起因转移到行为目的，你将轻松地把握各类事件。

（3）在人际关系中遇到阻碍时通过运用"鼓励"，就能充满活力地克服困难。

针对本书的阅读方法和使用方法，我有些许个人建议。

我认为大家无须一边画线一边仔细阅读，而应该学会捕捉关键词并将其有效地应用到实际生活之中。遇到困惑之时，请再次回顾本书中相关内容并将其深深刻在脑海之中，最后还要学以致用。让我们共同满怀勇气和希望地去面对现实吧！

　　至于如何使用本书，你可以独自阅读，但我更希望你能和你的伙伴一起阅读并互相分享书中的关键词，这样还能够给双方创造讨论机会。如此一来，阅读效果就会翻倍。因为我撰写本书的目的就是希望各位读者能够灵活运用阿德勒心理学理论。

目　录

CONTENTS

Chapter 3 如何面对脆弱的自己⋯⋯⋯⋯⋯81

01

阿德勒

❶ 幼年时期的阿德勒

阿德勒患有佝偻病和哮喘等痼疾，身材也比一般人矮小。幼年时期的他在面对仅比自己大一岁的健康哥哥时产生了深深的自卑感。

❷ 与弗洛伊德的相遇

从 32 岁开始的 9 年间，他加入了由弗洛伊德主持的"星期三心理学会"。之后荣格也加入进来，于是被称为"心理学三巨头"的这 3 位大师便开始了对心理学的共同探讨和研究。

1870 年，阿德勒出生于维也纳郊外的一个犹太人家庭。幼年时期，他体弱多病，身材矮小，成绩也不突出。之后在父亲的鼓励下，他学会了坚强地面对身体的缺陷和内心的自卑。大学毕业后成为精神科医生的阿德勒加入了由精神分析学权威弗洛伊德创办的研究会。然而不久之后，阿德勒由于不满弗洛伊德的泛性论而与他分道扬镳并自立门户，他也因此被称为"勇气与希望的使者"。

心理学的诞生

❸ 与弗洛伊德的决裂

阿德勒是"星期三心理学会"的早期成员，后因与弗洛伊德意见相左而决裂。以此为契机，阿德勒开始走向了独具一格的心理学研究之路。

❹ 个人心理学的诞生

与弗洛伊德不同，阿德勒更关注自卑感、优越感以及人际关系。因此，他将相关理论命名为"个体心理学"。

❺ 对畅销书作家产生了巨大影响

阿德勒心理学对励志型作家产生了巨大影响，比如著名畅销书《人性的 弱 点》（How to Win Friends & Influence People）的作者戴尔·卡耐基（Dale Carnegie）以及《高效能人士的七个习惯》（The 7 Habits of Highly Effective People）的作者史蒂芬·柯维（Stephen Covey）等人。

02

鼓励原则

您能这么说，我感觉非常开心！

谢谢！你真帮了我的大忙！

○ 鼓励原则

鼓励是指给予对方克服困难的勇气，此时基于相互尊重、相互信任的共感态度是不可或缺的。

你是非常可靠的！

✕ 表扬

表扬是一种基于"好"或"坏"评价标准和态度的行为。

看来我得努力保持这个头衔啦！

和共同体感觉

阿德勒心理学是鼓励型心理学，但鼓励并不等同于表扬。鼓励的基础建立在相互尊重和信赖的平等关系之上，而表扬则是建立在上下级关系基础上的评价行为，两者大不相同。鼓励行为所依托的"共同体感觉"是指同伴之间的联系。如果人们之间都能产生这种感觉，那么鼓励行为就变得愈发轻松简单。

⭕ **共同体感觉**

"共同体感觉"是对共同体的归属感、共鸣感、信赖感和贡献感的总称，可以被认为是心理健康的晴雨表。

❌ **竞争型人际关系**

竞争型人际关系指将周围所有人视为竞争对手，这会阻碍鼓励行为的顺利实施。

阿德勒

❶ 自身即为自我命运的主宰（自我决定论）

一个人的生活方式不是由环境和过去所决定的，而是由自身意志决定的。

地图

目标

❷ 人的行为一定伴随某种目的（目的论）

"原因论"认为人的行动和感情都可以从过去的经历中找到解释，而"目的论"则与之相反，它主张人是基于未来的某一目的而采取行动的。

　　阿德勒创立的理论可以归纳为"自我决定论""目的论""整体论""认知论"和"人际关系论"5类。基于上述理论，为克服人生遇到的各种人际关系难题而给予活力的技巧就是"鼓励"。鼓励的先决条件是"共同体感觉"。了解自己的思维方式和行为习惯就能更容易地给予自己和他人鼓励。

心理学五要素

❸ 人的心灵和身体是一体的（整体论）

不能简单地把人划分为"心灵与身体""理性和感情"等部分要素，而必须从整体角度进行把握。

❹ 通过心灵观察来把握世界（认知论）

人通过自己的思考方式（心灵）来了解森罗万象并赋予其意义，之后再采取行动。

❺ 人在展开行动时总会设想某个"特定人物"的存在（人际关系论）

人在展开行动时一定会考虑到"对方角色（他人或自己）"的存在，而这会对行动产生影响。

谢谢！

你太棒啦！

阿德勒
与平等主义

阿德勒认为人与人之间的联系尤其是平等的关系非常重要。无论是面对自己的妻子罗莎（Raissa）夫人还是孩子们，抑或是那些前来向自己咨询的学习者们，他都一以贯之地坚持这种态度。在男尊女卑的社会歧视观念根深蒂固的时代，阿德勒已经拥有了类似于现代女权主义和博爱主义的思想。

在阿德勒的采访记录 [①] 中有这样一个故事。有一次，阿德勒给一个叫卡尔的少年做心理咨询。这个少年是一个爱撒谎、爱偷东西的"问题儿童"，但阿德勒对他说："听说你想当医生，这是一份很了不起的职业，我也是一名医生。如果你想成为一名医生，就应该把更多的精力放在别人身上，而不只是关注自身。这样你就能明白人们在生病的时候需要什么。如果你想和别人成为好朋友，首先就不要过度考虑自己……如果我喜欢一个人并且不对那个人撒谎的话，那么他一定愿意成为我的挚友。"（引用）

阿德勒没有斥责卡尔的说谎行为，而是以平等的视角进行沟通，同时还尊重对方梦想以引发共鸣。他耐心地告诉卡尔如何创造经营一段真挚友情，这给了卡尔莫大的勇气。

---

① 《阿德勒案例研讨会·生活模式心理学》（一光社）。

阿德勒心理学的
支柱是勇气

　　职场上的人际关系出现问题，日积月累的疲劳让人无精打采，烦闷苦恼迟迟得不到解决……在面对各种压力之时支撑自己走下去的就是"勇气"。另外，它也是构成阿德勒心理学的基础。我将向大家介绍如何获得勇气。

职场人际关系
不和谐

所谓职场，是指兴趣和感情各不相同的人为了同一个目的而工作，因此它也成了一个人际关系问题层出不穷的地方。

❶ 和同伴的关系闹僵了

信息共享过程中的失误、对对方说话方式的不满，以及工作态度和价值观的差异等一系列问题都有可能导致职场人际关系的恶化。

❷ 因意外事故而给同伴添麻烦

在团队推进某个项目的过程中，自己的失误可能会给整个团队带来麻烦，这会引发个人强烈的负罪感。

10

**❸ 接二连三的失败导致
心情沮丧**

分享成功体验有助于提升团队的归属
意识和连带感。如果唯独自己毫无成
果，那么必然会产生疏离感。

为那些烦恼于职场人际关系的人开具处方

建立人际关系的**四大要素**

建立人际关系的四大要素

在与他人交往的过程中，只要自身保持良好态度就能够创造建立和谐人际关系的契机。

你可以向我倾诉哟！

要素 1 共鸣

阿德勒指出，所谓共鸣，就是用对方的眼睛去观察，用对方的耳朵去聆听，用对方的心灵去感受。共鸣不仅能给予对方肯定感，而且还能拉近与对方的情感距离。

谢谢你！

不客气！

要素 2 信任

所谓信任，是指相信对方的行动和善意。只要我们首先敢于相信对方，对方就会选择相信我们。

四类行为是建立人际关系的关键

阿德勒心理学认为，"人的所有行为总是会在某个时刻受到他人的影响"。反过来说，这意味着我们的行为也会给对方带来影响。因此当人际关系出现不和谐局面时，第一时间改变自身行为是解决问题的关键所在。

那么，我们应该如何改变自身行为呢? 行为的基础是与对方产生共

要素 3 尊敬

"respect（尊敬、敬意）"一词有"关联、关系"等意思，其词源是"再看；反复看"之意。无论身处何种地位和立场，只有在信任对方的基础上重新发掘对方的优点才能够建立起相互尊重的关系。

真的让我受益匪浅呀！

那我太荣幸了！

要素 4 合作

为了和伙伴们共享目标或者努力解决问题就必须认真地进行合作。思考如何为同伴和团队做出贡献以及如何展开合作也是共鸣、信赖和尊重的体现。

鸣，因此站在对方的角度思考问题至关重要。试图理解对方立场有利于产生信任感，进而让彼此之间的关系升华为相互尊重。更重要的是，在这种相互尊重的关系架构之中，相互合作的机会也会逐渐增多。

即使一开始只是自己内心的细微情绪变化，但只要认真地传达给对方，最终也会帮助我们从人际关系的烦恼之中解脱出来。

如何为疲惫不堪的人重新注入活力

当朋友、同事、家人和恋人等身边的人感觉疲惫不堪之时，
最重要的就是鼓励他们。

每天都接触新事物，真的感觉很累呀！

❶ 不习惯的事情反复出现

新员工在身体和精神方面一直处于紧张状态，因为他们要承担许多从未经历过的艰巨任务，如涉及工作量、准确性和计划性等。

我才刚刚大学毕业，
怎么能制订事业计划呢？

每天都加班……
周末也要加班……

❷ 不合理的要求层出不穷

当严格的交货截止日期和繁重的工作任务指标交织在一起的时候，员工会感到不堪重负。特别是在现代社会，削减成本的趋势导致个人作业的负担越来越重。

怎样才能让职场中的人
重新燃起斗志呢?

❸ 重复做同样的事

一旦习惯了工作,完成日常任务就变成了例行公事,这种毫无波澜、循环往复的单调生活会让我们郁闷不已。

责任更重大了,
感觉好痛苦……

难道我真的要在重复做
相同事情的过程中逐渐
老去吗?

即便对方说无须勉强,
自己也要硬着头皮去
做……

为那些因工作而疲惫不堪的人开具处方

鼓励的 5 种方法

鼓励的5种方法

在重视效率和生产力的现代社会中，人们的心更加容易疲惫。我们的鼓励将成为「催化剂」，引导他们实现自我认同。

方法 1 **加油喝彩**

> 新策划案做得非常棒！

一旦遭到他人否定，人们就会变得犹豫不决。因此，我们要夸赞对方来激励他们更加积极地采取行动。

方法 2 **加分主义**

> 我得到认可啦！

加分主义能够激励那些表现优秀的人更加积极。此时我们要具体指出哪些地方做得好，这样才能促使对方认可自身能力。

鼓励他人的 5 种方法

当身边的人倍感疲惫之时，卓有成效的 5 种鼓励方法中的第一种方法，就是告诉对方哪些方面做得非常好。一味地挑剔对方的工作缺陷只能限制其主观能动性，而表扬则可以促进对方更加积极主动地开展行动。

第二种方法是通过"加分主义"代替"扣分主义"。认真找出对方表现优良的方面并通过肉眼可见的方式向对方展现认可态度，这将激励

方法3 重视过程

不能只以销售额等业绩成果作为能力判断依据，更重要的是认可并嘉许员工为实现这一目标所付出的努力。

下次一定可以!

方法4 重视过程

阿德勒心理学认为，失败是"接受挑战的证明"和"成长发展的机会"。

谢谢!

太棒啦!

方法5 感谢

当对方为我们做事之后，一味地表示不好意思是一种有些否定对方好意的行为。适时表达谢意也是对对方行为的认可。

他们在工作中产生更大的勇气。

　　如果我们能通过表扬和加分主义展现出尊重对方行为的态度，那么接下来就要促使思维方式朝着更为积极的方向转变。例如，比起业绩和成果更重视努力过程或者将失败视为成长的垫脚石等。只要改变对已发生事态的看法和思维方式，就能形成一个良性的"鼓励环"。

　　另外，当别人为我们做事之后，表达谢意而非一味表示不好意思也是另一种形式的鼓励。

职场氛围
严肃紧张

职场内有时会出现令人沮丧消沉的工作氛围，这其中可能隐藏了
三大"勇气杀手"。

勇气杀手❶ 过度指出不足之处

一味地指出不足之处或错误只会让对方深觉不快，从而导致干劲下降。

你这家伙真的是……

话虽如此……

勇气杀手❷ 人格否定

如果批评超出对事实和行为本身的指责界限并上升至否定员工人格，那么信赖关系就会崩塌，团队的集体感也会消失。

我真的很没用呀！

勇气杀手❸ 门槛过高

目标过低会导致员工干劲不足，但过高的门槛则会让人无论尝试多少次都看不到希望，从而丧失前进动力。

死守全国第一的宝座！

为什么做不到？！

说起来简单……

职场中充满严肃紧张的工作氛围之时要

敢于清除"勇气杀手"

敢于清除『勇气杀手』

造成恶劣职场氛围的主要原因是三大『勇气杀手』。为了不受这三大因素影响，我们需要学会给予自身勇气。

> 我认为这样做会比较好。

> 我的地盘我做主！

要素 1　归属感

我们要努力营造出一种在职场、社区和家庭等共同体中有一席之地的感觉。只有拥有了属于自身的立足之地，才能够同伙伴进行合作并为组织做出贡献。

要素 2　信任感

> 能够同他共事真的很幸运！

我们要敢于信任对方或者构建起一种相互信任的关系。对此，我们首先需要充分地了解对方为人处世的风格。

鼓励自身的四大关键要素

如果周围人以自身的价值观念为标准来评价他人的话，那么他人遭遇"勇气杀手"的风险就会增大。为了不被消极情绪所支配，最重要的是鼓励自己。如果过度示弱就无法给他人带来积极影响，更无法改变职场环境。

为了鼓励自己，我们需要把握"归属感""信任感"和"贡献感"

要素 3 **贡献感**

自身的存在要对周围的人、事或所属组织等周围世界有所价值。其中，最重要的是要相信自己一定会为周围人所需要的。

要素 4 **自我接纳**

所谓"自我接纳"是一种欣然接受现实自我的态度。如果自我接纳程度较低就会过度妄自菲薄，因此在发现自身优点的同时鼓励自己是非常重要的。

等诸多要素。之所以均以"某某感"来命名，是因为周围人怎么想无关紧要，最重要的是自己要有这种感觉。自我接纳作为一种欣然接受现实自我的态度，也是自我鼓励的重要一环。

其中，尤为重要的是贡献感。要说服自己认可自身存在的意义是非常困难的，但对他人有用的这种感觉能够帮助我们更勇敢地面对"勇气杀手"。

直面烦恼的时候

当遇到烦恼之时，最重要的是首先考虑该烦恼来源于哪一项
"生活任务（人生要面对的课题）"。

❶ 犹豫要不要辞掉工作

无论是患上"五月病"①的新晋员工，还是两头受
气的骨干职员，亦或是对公司评价制度深感不满的
人，每个人想要辞职的原因不尽相同。此外，也有
人面临着为了家人不能辞职的烦恼。

原来是这样呀……

---

① 五月病：由于日本新财年新学年都是 4 月份开始，新人进入学校或者公司之后
鼓足干劲工作或者学习 1 个月之后立刻经历长达 1 周左右的日本黄金周假期，
休假后当初的干劲已经消失，当初设立的目标却无法立即实现，因为理想期许
和现实的差距，还有人际关系也没有达到预定状态，而产生的厌倦、易疲乏的
情绪问题。——译者注

❷ 为恋爱关系而烦恼

生活节奏差异导致分歧，兴趣、爱好和价值观方面的龃龉以及对未来生活的规划和性观念的不同，都是恋人们可能面临的烦恼。

嗯!
嗯!

❸ 为朋友关系而烦恼

即使是最亲密的朋友之间也会产生诸多烦恼，如因为意见不同或细小分歧而产生的心理距离。

原来如此!

为那些直面烦恼的人开具处方
认真分解剖析烦恼

认真分解剖析烦恼

直面烦恼时要切记每个人的「生活课题（人生中面临的问题）」和「生活方式」各不相同。

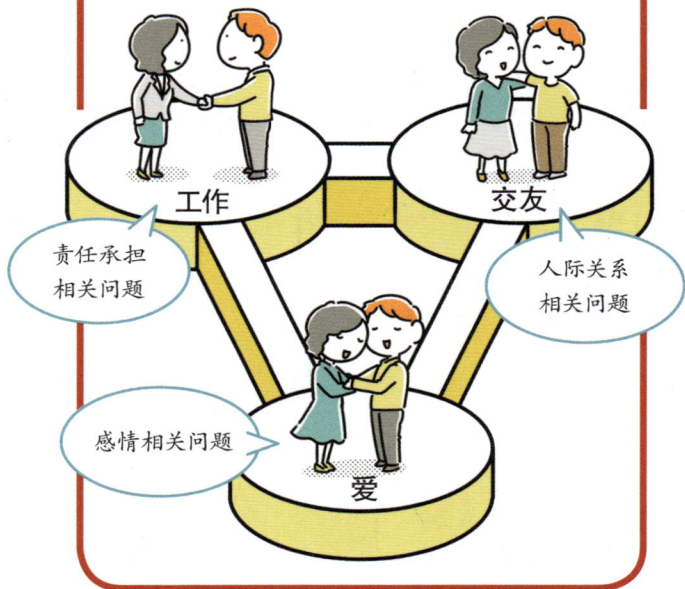

要素 1　生活课题

正确辨别"工作""交友"和"爱"这 3 个生活课题中的哪一个是烦恼的主要来源。例如，假设因为工作原因导致家庭关系出现问题，那么优先解决工作相关问题，最终就能解决和"爱"相关的家庭问题。

责任承担相关问题

工作

人际关系相关问题

交友

感情相关问题

爱

人生课题和生活方式

世界上不存在能够解决一切烦恼的"灵丹妙药"，但有一些想法却有助于我们从中解脱出来。

简单来说，人生中的烦恼就是当时所面临的问题。阿德勒心理学认为，这些问题（人生课题）一定来源于"工作""交友"和"爱"三者中的某一个。正确认清烦恼来源于上述哪一方面是解决问题的第

要素 2 生活方式

在阿德勒心理学中,"生活方式"仅意味着如何从当前的自我逐渐接近理想的自我。理想的实现方式能够体现自身的行为倾向和思维习惯,所以我们可以通过有意识地改变自身行为来获得成长。

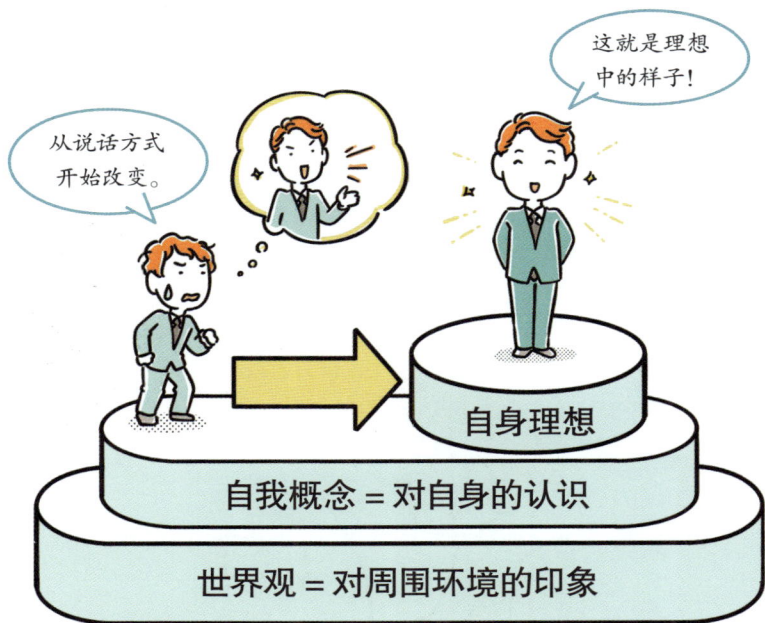

一步。

　　面临人生课题就意味着产生了人生理想,进而感觉到现实与目标的差距。阿德勒把这种逐渐接近理想状态的过程称为"生活方式"。认真思考什么是理想状态以及在达到理想状态之前应该处理什么样的问题是切实解决烦恼的关键。

妄自菲薄

我们平时产生的孤独感和疏离感可能来源于个人假设和臆想。

❶大家的意见应该是正确的

在会议中被要求发言时，只要自己所持意见属于少数派，就会认为多数人的意见一定是正确的或者自己的意见无关紧要，从而失去自信。

反正我的意见不可取，还是不说了吧！

没有其他意见吗?

我不是因为想说才那样说的……

❷ 没有人愿意听被厌恶者的意见

如果你出于自身立场不得已说出严厉之词招致对方反感，就会卑微地感觉自己一直被他人厌恶。

❸ 应该会以失败告终

任何人都有犯错的时候。但是，如果我们在某次失败中顺藤摸瓜地回忆起以往与之无关的失败经历，就会认为自己诸事不顺，一蹶不振……

……

反正最后也是要失败的。

妄自菲薄的人应当

注意自己所犯的**基本错误**

注意自己所犯的基本错误

每个人都在不知不觉中戴上了「心灵遮光镜」，我们要注意到它的存在并重新客观地审视自己，这样自信就会一点点涌现出来。

> 前些日子提交文件超过约定期限。

> 上司也没有提出修改意见，我完蛋了！

要素 1　妄下结论

由于一些小事就否定自己，这只会让消极情绪愈演愈烈。

> 肯定会被大家瞧不起。

> 说不定已经被公司抛弃了！

要素 2　言过其实

历经几次失败体验后，就会认为自己是错误的或者依然遭到周围人的否定，但这只是个人虚妄地夸大事实而已。此时，我们只要冷静地剖析被否定的部分即可。

千差万别的"心灵遮光镜"

每个人都有属于自己的看法并以此来把握现实。换言之，人们往往会通过独特的"心灵遮光镜"来赋予现实意义并采取行动。阿德勒心理学称之为"认知论"。

消极想法大多是由自身的认知错误（基本错误）而导致的。例如，轻视自身价值、夸大现实、忽视赞成的意见而只关注批评、过度普适

要素 3 **遗漏重点**

如果过于在意反对意见，就很难意识到还有人在支持自己的想法。

> 到哪里都没有伙伴！

> 不，不。我一直都在陪着你呀！

要素 4 **过度普适化**

> 策划方案没有被采纳，觉得自己毫无价值。

你提出的意见并不代表你的全部，因此他人对意见的否定并不意味着对你个人整体的否定。

要素 5 **错误的价值观**

> 我对他人而言毫无用处，简直无任何立足之地。

频繁的消极思维会导致我们否定自身的存在价值，对此不妨尝试摘去"心灵遮光镜"来重新审视自己。

化地认为自己一无是处、持有错误的价值观……大多数的消极自我评价在他人看来只是"想多了"，但就个人而言则是由于戴上了"心灵遮光镜"看待事物而产生的基本错误。

此时，我们不妨静下心来想一想，究竟是谁得出的结论以及有何证据。

畏惧衰老、疾病和死亡

生老病死是人类的烦恼，也是人类永恒的主题。只要生在人世间，衰老、疾病和死亡就是人生常态。

上了年纪以后，既饱受疾病折磨，又畏惧死亡来临……

❶ 衰老

人们往往认为衰老是一种弱化，例如"我不能再做以前能做的运动""我恢复得比以往更慢"，等等。然而，通过积累各种经验而获得的知识和教养是伴随年龄增长不容忽视的积极因素。

姜还是老的辣！

只有在失去健康之后才意识到健康的重要性。

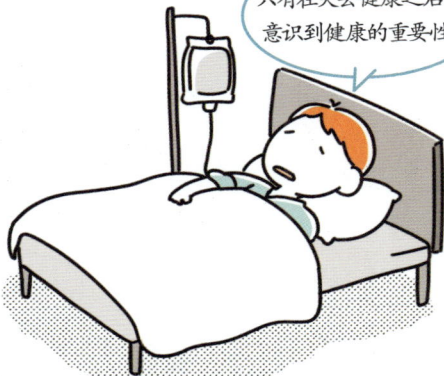

❷ 疾病

疾病是阻碍生活的一个巨大障碍。然而，阿德勒心理学认为，我们对疾病的认知会随着自身心态而有所不同。

❸ 死亡

死亡是迟早会发生在每个人身上的必然事件。如果我们听不进过来人的经验之谈，那么就无法克服对"自我消亡"的恐惧感。

我还有许多事情没有做完……

畏惧衰老、疾病和死亡的时候
鼓起勇气坦然**接受**或**改变**

鼓起勇气 坦然接受或改变

只要生在人世间，衰老、疾病和死亡就必然会在某个时候降临到所有人身上。那么，我们该如何接受这些无法改变的事实呢？

不能对必然事件作出改变也是无可奈何呀！

还是考虑一下其他事情吧！

要素 1 接受的勇气

与其被衰老、疾病和死亡等必然会到来且无法避免的困难所困扰，倒不如鼓起勇气去接受这些困难并快乐地度过每一天。

人生必须具备的两种勇气

随着年龄的增长，我们会切实感受到身体的衰弱和死亡的存在，从而产生一种莫名的不安。对于那些自身无法改变的事情感到恐惧也是理所当然的。

然而，如果我们因为害怕这些事情的到来而止步不前的话，那么最终只会浪费时间。面对无法避免的事情，我们只能鼓起勇气去接受。

要素 2 改变的勇气

我们要以"现在的我正处于人生中的年轻时刻"这种心态来锻造敢于面临任何困难的勇气。这不仅会改变我们自身，还会给周围人带来积极影响。

今后的人生值得期待！

相反，除衰老、疾病和死亡以外的烦恼都有可能通过自身来解决。接受那些无论如何努力都无法改变的事情，反而有助于我们清楚地梳理出哪些问题是可以解决的。

如此，只要我们有足够的勇气来面对这些梳理出来的问题并采取行动，那么就能够提高生活满意度。

阿德勒
与美国

阿德勒于1926年踏上了美国的土地。他受到了美国民众的热烈欢迎，并于1927年开始出版《理解人性》（*Understand Human Nature*）等一系列著作。

刚到美国时的阿德勒不会说英语，但有录像显示他于1929年就已经可以在没有翻译的情况下熟练地说英语。深切感受到英语必要性的阿德勒尽管已经年过半百，但他仍然挑战学习英语并最终掌握了这门语言。

当时美国屈指可数的富豪查尔斯·亨利·戴维斯（Charles Henry Davis）也对阿德勒在美国的活跃做出了很大贡献。阿德勒帮助他的女儿治愈了忧郁症，戴维斯也与阿德勒成为好朋友并帮助他获得了哥伦比亚大学教授和纽约长岛医学院教授等职位。得益于此，阿德勒成为当时酬劳较高的演说家之一，并经常访问全美各地。

然而，看似一帆风顺的美国生活背后却隐藏着难以解决的家庭难题。罗莎夫人最初拒绝移居美国，直到1935年由于纳粹势力的兴起，罗莎夫人才不得不离开维也纳，这期间夫妻双方一直处于分居状态。另外，由于工作强度较大，阿德勒的独居生活状态并不理想，所以他只能通过欣赏好莱坞电影来放松身心。

Chapter

2

更好地了解自身

工作中的自己和生活中的自己、日常的自己和消沉时的自己并不相同，我们甚至可能会在有意识根据 TPO[①] 原则行事的过程中迷失自己。在本章中，我们将尝试解开隐藏在行为背后的情绪以更好地了解自身。

---

① TPO 分别是英语中 "Time" "Place" 和 "Occasion" 3 个单词的字头，意思分别为 "时间" "地点" 和 "场合"。它是有关服饰礼仪的基本原则之一，要求人们在选择服装时应当兼顾时间、地点、场合，力求使自己的着装与时间、地点、场合协调一致。——译者注

找不到自身位置

无法完成交办给自己的任务时会感觉非常丢脸，最后认为自己是无用之人。

❶ 给同伴添麻烦

在进行团队合作的过程中犯了错误或者错失上司给的机会就容易陷入自我否定。

我不适合待在这个地方呀！

我成功啦！

❷ 自身水平落后于周围人

即使在同一个单位工作，在知识量和经验值的积累方面存在差异也是理所当然的。但是，如果感觉水平差距太大就会产生自卑感并丧失自信。

你太厉害了！

拖后腿!

真是靠不住呀!

我又犯错了……

❸ 感觉自己被周围人讨厌

无论是上司交派工作还是后辈寻求建议,都会让我们感觉到自身价值的存在。一旦开始觉得自己不被他人需要就会导致工作热情持续降低。

找不到自身位置的人要
利用 **"共同体感觉"** 发现自身价值

利用『共同体感觉』发现自身价值

阿德勒认为，在共同体中获得的归属感会对幸福感产生巨大影响，同时它也是克服孤独感和疏离感的重要因素。

要素 1 自身位置

人一定是属于某个共同体的，但如果感觉到自己被家庭或职场等共同体（社会群体）排除在外或被孤立的话就会深觉不安。在共同体中获得的归属感对于稳定情绪至关重要。

"共同体感觉"离不开"归属感"

阿德勒心理学把职场、家庭、社区等各种社会群体称为"共同体"。

如果我们从属于某个共同体并对作为共同体一员的自己充满自信（即具备"共同体感觉"），那么内心就会得到满足和安定。

然而，仅从属于某一个群体未必会产生共同体感觉，只有从中真切

要素 2　自我评价总是过于主观

每个人都在一定程度上努力让自己适应周围环境，其中贬低自身的行为是一种源于基本错误的主观结论，因此它与周围人对自己的评价并非一致。

不要在意，继续做下一项吧！

要素 3　与伙伴之间的信任感和连带感

通过主动与对方建立积极联系可以消除因人际关系淡薄而产生的不安。如果觉得孤单寂寞的话，可以尝试和已经疏远的人重新取得联系。

怎么啦？

最近过得好吗？

地找准自己的位置并意识到自我存在价值才是至关重要的。例如，当你深觉沮丧之时很难产生"共同体感觉"，但这毕竟只是个人的主观想法。想找回归属感就不要过度拉开与周围人的距离，而应该积极地与伙伴建立起信任感和连带感。

　　这对从属于某个共同体的自己逐步地建立自信是非常重要的。

找不到个人轴心

如果自己没有固定的轴心就容易被氛围影响，从而丧失自信。

❶ 快乐心情会瞬间转为沮丧

虽然参加公司酒会的时候非常开心，但在回家的路上独自反省自己说了不该说的话。即使这是真实的自己，但是大起大落的感情起伏会令自己厌烦。

干杯!

大家会怎么想呢?

不会察言观色的家伙!

啊! 感觉好累呀……

哎……
那个……

无论多少岁都害怕
与陌生人接触……

稍等……

嗯?
怎么了?

❷ 为什么会在重要场合中感觉怯懦和害羞

虚然自己是一个大胆的人，并且在日常生活中能够和家人或好友正常沟通，却不能和公司同事以及初次见面的人很好地开展交流，这会"令"我们产生强烈的自我厌恶。

你的意见
是什么?

呃……
那个……
我没有什么意见……

❸ 不能很好地表达个人观点，导致人云亦云

当在会议或面谈中被问及自身想法之时，不能立刻表述出来或者在做决定的时候往往会附和周围人，这会令我们感觉没有自我轴心……

找不到个人轴心的人也能够

通过自身改变**性格**

通过自身改变性格

积极性格和消极性格的区别在于看待事物的方式不同。如果你具备了建设性的思维方式，那么周围人就会对你刮目相看。

就目前而言的话……

如果失败了该怎么办呢？

环境因素

身体因素

与其担心不已倒不如尽情享受吧！

自我决定

要素 1 自我决定

身高、体型等身体因素以及家庭、职场等环境因素都会影响一个人特定思维方式的形成，但最终将这些要素归纳起来，对自身存在方式和世界存在形态进行判断的，始终是我们自己。

改变性格是积极的自我决定

从现状逐步接近理想的过程即为生活方式，它取决于我们对自身和周围的认知与理想状态之间的差异。这种主观判断被称为自我决定，它会左右我们的生活方式。

自我决定分为建设性和非建设性两种。例如，一直认为"反正也做不到，不去做也行"的人选择了非建设性的自我决定，而认为"应该没

> 这个就拜托你啦!

> 好的! 我会努力完成!

> 感谢你!

> 怎么回事? 他似乎比以前更积极了。

要素 2 自我决定的两种类型

"我一定不行"这种非建设性的自我决定会诱发自卑情结,而"我一定能行"这种建设性的自我决定则会产生创造力。生活方式的改变取决于我们如何做出自我决定。

有做不到的事"的人则是选择了建设性的自我决定。如果经过日积月累的训练从前者状态转换为后者状态,那么周围人就会觉得你的性格已经发生改变。

阿德勒心理学认为,性格是个人行动和思维特征的静态表现,而生活形态则是动态的,人可以通过自我决定随时改变自己的思维和行为。

被他人的印象所左右

即使我们在他人眼中是活泼开朗的性格，实际上也会因为与自我认识的差距而烦恼。

这个能拜托你吗？

好的！当然可以。

❶ 总是看起来很开心

在忙碌之中能够笑容满面地开展工作，或者作为气氛制造者能够起到协调团队的作用——这就是我最大的优势，但实际情况是即使备尝辛苦也咬牙坚持。

❷ 温柔对待周围每一个人

接受后辈的咨询、听取同事的抱怨、积极鼓励他人……像亲人一样温柔待人的背后隐藏着无法向他人言明的难受和烦恼。

您这样夸我，我可受不起。

你真的是宽以待人呀！

❸ 总是努力为他人提供额外帮助

这是一种具有较强责任感且被他人依赖的领导者类型。他人的期待在不知不觉间会转换成压力，而自身则会因为非常害怕失败而无法放松身心，久而久之会疲惫不堪。

❹ 你对我们感兴趣吗

当我们作为领导者带领团队整体提升业绩之后，发现自己过于重视结果而无法成为受人仰慕的领导之时，就会不停地质问自己"理想型领导者"究竟是怎样的。

容易被他人印象所左右的人需要

了解**生活方式的诸多类型**

了解生活方式的诸多类型

与其被他人的印象所左右，倒不如了解自己最重视的是什么，这样对自身更为有利。

慢悠悠地做吧！

要素 1 安乐型

该类型看似乐观悠闲实则深思熟虑、文静灵活。这类人倾向于逃避压力，不愿意担任领导者或负责人等责任重大的职位。在他人眼中，他们看起来总是很开心。

哇！好开心呀！

要素 2 取悦型

该类型具有较强的包容力，对任何人都持温柔友好的态度。但是，这类人为了回应他人期待不懂得如何拒绝，因此会因为害怕被他人讨厌而心怀恐惧。

比起他人眼光，更重要的是自己如何看待自己

生活方式是一种思维方式和行动风格。我们基于个人的最优先目标，即"人生中最重要的事情和必须避免的事情分别是什么"来将其分为 4 种类型。

具体来看，生活方式可以分为灵活乐观的"安乐型"、与周围人融洽相处的"取悦型"、富有责任感的"控制型"和重视上进心的"优越型"。

要素 3 **控制型**

该类型富有责任感且能够以身作则地发挥领导能力。然而，虽然这类人给人以可靠之感，但他们会一直担心失败而颜面尽失。另外，他们也倾向于要求他人按照自身想法去执行，因此也被称为"支配型"。

跟我来!

要素 4 **优越型**

该类型的抗压能力和抗疲劳能力较强，勇于朝着更高理想努力奋斗。然而，他们倾向于只通过意义本身来衡量事物，且不擅长与人接近。

没有上进心的人是靠不住的!

　　日本人多属于"取悦型"。比如在收到短信后会立刻回复或者逐一查看各类社交网络信息等，这可以看作是一种非常在意对方感受和反应的"八面玲珑型"。

　　虽然这4类人群的最优先目标各不相同，但他们都有一个共同点——他人并不像你想象的那样在意你。因此，我们只需在理解自身类型的基础上与他人建立起让自己身心愉快的关系即可。

顽固地拒绝接受周围人的意见

严格地遵守规则，严厉地打击部下和后辈或者做事一板一眼……也许正是因为这样，才把自己束缚住了。

那件事最终一定会变成这样！

我一定能够取得成功！

这种想法有些危险呀……

就算我提出意见，他也听不进去吧……

❶ 一个人单枪匹马地往前冲

如果没有按照自己认为正确的方法开展工作就会觉得不甘心，并且不太愿意听取别人的意见。当然，他们事后也会后悔没有事先听取他人的建议。

❷ 不擅长灵活思考

按照某种理论推进工作的时候经常会被同事和上司认为是"头脑顽固"，但当事人自身并没有察觉出这些做法有什么不妥之处。

不要只考虑方法本身，而应该具体问题具体分析。

好的……我明白了。

这也太难了吧……

一副不理解的表情啊……

顽固地拒绝接受周围意见的人应该

摆脱"应该－必须"的束缚

摆脱『应该－必须』的束缚

你是否被顽固的想法所束缚并深感痛苦呢？只要我们掌握了包容大度的思维方式就能从痛苦中解放出来。

尊重对方的节奏。

即使是正确的理论也不能强加于人。

要素1 摆脱"应该－必须"的束缚

信念强烈且追求完美主义的控制（支配）型人群会严格要求自己和他人，其包容程度较低。对此，我们需要时刻意识到，与他人交往的过程中最重要的是要意识到自身标准与他人不同。

具备容忍他人的包容心态

控制型的人特别重视自身标准并固执地认为他人应当完全遵从自己。

一旦事态发展和对方做法没有顺从自己的心意，这类人群就极容易产生压力。如果不能摆脱"应该－必须"的束缚，这可能还会给周围人以及自身带来痛苦。注重细节是好事，但如果把这一点强加给对方就

我走啦。

待会儿再向他请教秘诀吧！

用"不总是"取代"应该－必须"的本质是认可与自己不同的想法。我们要敢于对坚信某种理论绝对正确的僵化思维提出质疑并时刻抱有怀疑精神，这样就能够根据场合采取灵活行动。

会让他们觉得你是一个挑剔的人，进而促使职场人际关系持续恶化。

因此，我们应当培养包容性更强的"不总是"思维方式。这种思维方式的基本前提是"除自身以外的事，其他事情都不会如自己所愿"。

不要把"应该－必须"的思维强加给对方，而应该有意识地保持思维的灵活性并改正强制型做事风格。

对眼前的任务
视而不见

面对必须尽快完成的工作再三拖延，总之就是提不起干劲……持久保持动力并非易事。

啊!
来不及了!

如果昨天再努力一点的话就好了……

我先回去啦!

❶ 对应当完成的工作再三拖延

并非没有干劲，而是无法集中精力，到了截止日期才开始着手处理，其结果常常是通宵达旦才草草完成。

❷ 深感压力而无法推进工作

对于被委派的任务一旦产生"必须努力"或者"必须要比别人做得更好"等一类的想法，就容易产生巨大压力并导致工作趑趄不前。

> 与其烦恼不已，倒不如从能做的事情开始着手处理。

> 应该怎么做才能够顺利推进呢?

> 这种做法是正确的吗?

❸ 提前准备好借口

在开展工作前预先强调"姑且试试看"或"我会尽最大努力"，以此为日后失败设下一道防线。因为想要追求完美，所以会时刻担心自己能否明哲保身。

对眼前任务视而不见的人应当

改变犹豫不决的态度

改变犹豫不决的态度

在面对任务的时候踌躇不前或者责怪自己没有立即采取行动是不明智的。

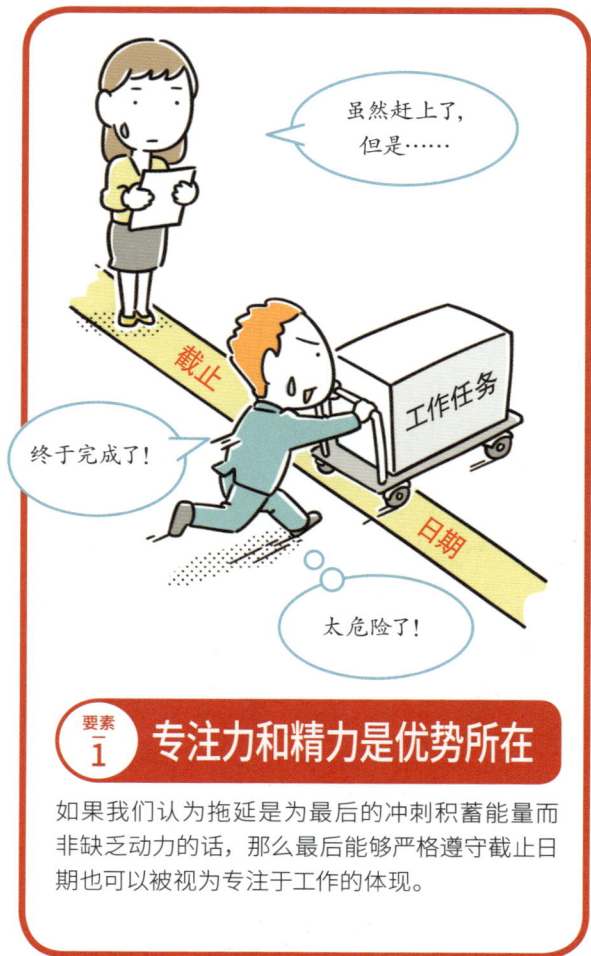

虽然赶上了，但是……

截止

工作任务

终于完成了！

日期

太危险了！

要素 1　专注力和精力是优势所在

如果我们认为拖延是为最后的冲刺积蓄能量而非缺乏动力的话，那么最后能够严格遵守截止日期也可以被视为专注于工作的体现。

克服拖延症

阿德勒注意到有些人只要没有确切十足的成功把握就不会采取任何积极行动，他把这种倾向称为"犹豫态度"。

越是面临重大课题就越不敢着手处理，这种避免正面交锋的行为被称作"拖延症"，这种倾向常见于"优越型"人格。

这类人群始终在"现在不做也没关系"和"既然要做就要做到完

从何处着手才能够顺利推进呢?

工作任务

从能做的事情开始踏踏实实地去做!

马上要做的事情

之后要做的事情

要素 2 从能做的事情开始着手去做

我们最初不要刻意固执地追求高质量地完成任务,而应该尽可能地从能做的事情开始着手去做。如此一来,我们就不会过度责备自己懒惰或无所事事。

美"这两种自相矛盾的想法中挣扎纠结,直至临近截止日期才匆匆敷衍了事……他们似乎也会对这样的自己感到厌烦。

但反过来讲,这也体现出你具有足够的注意力和精力来及时完成任务,因此也可以将其视为一种优势。

如果我们将这种能量逐步释放出来,并从能够着手去做的事情出发有序推进的话,就可以更加接近完美状态。

做事磨磨蹭蹭

凡事均有所顾虑而不能很好地表达自身意见，正是因为这种畏畏缩缩的性格才招致诸多烦恼。

如果这样的话，我也想尝试一下！

哎……要我来负责吗……

你想不想全权负责新项目呢？

❶ 不能抓住成长的机会

某些人对参与职位竞选和项目竞争缺乏足够的信心，但又不懂得如何拒绝，因此极易陷入被动状态。但是，敢于主动迎接挑战的新员工则擅长抓住一切机会并迅速获得成长。

这对于我来说有很大的压力，但如果拒绝的话……

请您先作指示!

呃……这个嘛……

他在等待我的指示,这该如何是好呢?

❷ 明明不适合当领导……

虽然觉得有必要站在后辈的立场上照顾他们,但是自己却不擅长进行教育和指导。他们提出问题是好事,但是又非常担心是否能正确地给予指导。

我们必须展开竞争吗?

❸ 对竞争不感兴趣

面对销售业绩上升的同事,既真心佩服又觉得自己不那么适合与他人过度竞争……

做事磨磨蹭蹭的人应当

将退缩保守转化为长处

将退缩保守转化为长处

将自身特征视为短处只不过是个人的固执想法而已，如果转变角度，从中发现积极影响的话，就能坦然地接受自我，并增强自信。

不！
我才是正确的！

应该这样做！

呃……双方的理由都……

要素 1 将退缩保守转化为长处

在消极地看待退缩保守之前，我们需要注意到这种态度有助于人们退一步进行冷静思考。这种冷静思考适时调整思维方式的态度会给周围人留下沉着冷静的印象。其中，关键因素在于我们是否对这种保守态度充满自信。

劣势可以转化为优势

阿德勒心理学中的性格应对方法认为，人应当认真思考如何灵活运用现有要素。

如果你认为自身只有短处，那是因为你给该特征贴上了负面标签。为解决这一问题，最重要的是分析行为特征。

例如，畏缩不前的人具备哪些特征呢？他们往往擅长倾听他人言论

要素 2 寻找自身性格中的优点

任何特征都有好的一面和不好的一面。如果职场中只有积极的人，那么必然会引发意见冲突并需要耗费大量时间来进行调整。要知道，世界是在各种各样的凹凸互补中运转的。

并事先分析各种情况发生的可能性以防乱了阵脚。如此看来，畏缩不前这一性格特征反而成了"优点"。

如果世界上都是个性过强的人，那么碰撞和决裂会大幅增加，从而引发更多的争执和冲突。

因此，我们可以通过分析自身性格来努力发掘好的一面，这样就能够更加自信地展开行动并创造出更多的可能性。

缺乏把握机会的
信心

有些人在开始之前就选择了放弃或者缺乏应对挑战的勇气。对此，
我们必须时刻提防限制未来发展的"3D 语言 [①]"。

你想主持一场
策划会议吗?

不，反正我也
无法胜任……

❶ "反正"也做不好

有些人即使遇到良机，也会抱着"反正
也做不好"的消极想法而加以拒绝。这
种行为会给那些看好你的人带来打击。

---

① 作者之所以将"反正""毕竟""但是"称为"3D 语言"，是因为这 3 个词
的日语写法分别为"どうせ（dousei）""だって（dattte）""でも（demo）"。
这 3 个词的罗马音首字母均为"D"，所以合称为"3D 语言"。——译者注

❷ "毕竟"成为口头禅

寻找各种理由来为自己没有勇气迎接挑战的行为进行开脱，这是一种逃避的表现。

> 毕竟我的经验不足嘛！

> 这明明是一件好事，为什么要拒绝呢？

> 但是这样一来，责任也就增加了呀！

❸ 用"但是"来拒绝

当对方给予我们良机或者告诉我们一件好事的时候，我们往往会条件反射般地说"但是"来加以拒绝。这是为了回避失败风险而寻找借口来开脱。

> 当上主任的话就能涨工资啦！

通过自我交谈来促使因缺乏勇气而错失良机的人变得
更加积极向上

更加积极向上

当无法保持乐观心态之时要对自己说一些鼓励的话，肯定自己才是解决问题的关键。

你擅长演讲，所以一定会进展顺利！

好的，那我再浏览一遍资料吧！

要素 1 自我交谈

积极的自言自语有利于心情转好。我们不能使用贬义词来进行自我谈话，而应该多采用积极词汇。

时刻留意挫伤勇气的"3D 语言"

由"反正""毕竟""但是"这 3 个词组成的"3D 语言"会在一定程度上限制我们行动的思维并挫伤勇气。其中，我们尤其要注意"反正也做不好"这种双重打击自身勇气的话语。

一旦说出"3D 语言"，我们就要在心里默念积极词汇。通过这种正面的自我暗示来调整心情。

要素 2 是的，我要

击溃"3D语言"！

是的，我要

3D

为了引导积极地思考，我们不要用"否"或"但是"来进行自我否定，而应该用"是的，我要"来击溃"3D语言"。连续不断的积极话语有助于引导正面思维，我们在做决定的时候可以充分利用这一技巧。

要素 3 CHA（机遇·改变·挑战）

"CHA"是"机遇（CHANCE）""改变（CHANGE）""挑战（CHALLENGE）"这3个积极词中的共有字母。在处理应对事物之时思考能否将其转化为机遇、改变和挑战等要素，有助于我们鼓起勇气迈出第一步。

CHA

CHANCE 机遇　CHANGE 改变　CHALLENGE 挑战

方法非常简单，只要在"3D语言"即将出现的时候，我们就将其换成"是的，我要"和"CHA（机遇·改变·挑战）"一类的积极词语即可。

例如，当我们被委以重任之时不要说"反正我也做不了"，而是尝试说"好！我要挑战一下"。不要因为害怕做不好而惴惴不安，而应该把挑战当作改变自己的机会，这样心情也会变得更加轻松。

总是担心事情
进展不顺利

在处理事情的时候，满脑子都在顾虑失败而无法展开行动。这是每个人在尝试挑战某事物时都会产生的焦虑情绪。

❶ 快要被压力击垮了

当面临被提拔成为新业务负责人等巨大机会之时，我们会非常担心自己能否胜任或项目是否会失败。这种无形的压力会造成非常大的心理负担。

❷ 初次体验总令人深觉不安

许多人在首次单独参加商务会谈或准备演讲的时候都会对自己缺乏信心。如果我们固执地认为周围人都在按部就班地开展工作而唯独自己失败的话，就会变得紧张不安。

一定要挺住！

我没有自信……

如果要担任此次研讨会主持人的话……

如果你不努力的话……

极度

紧张

总是担心进展不顺利的人要

敢于接受不完美

敢于接受不完美

虽然人的性格各不相同，但越是认真的人越容易事事追求完美。努力固然重要，但我们也要敢于接受不完美。

要素 1 获得满分是不可能的

努力追求完美，进而达到理想状态是一种非常自然的生物本能。但是，这终究只是一种理想而已。作为有独立意志的人，没有必要被这种本能所束缚。

我并不想成为完美无缺的人。

没有必要刻意追求满分

所谓完美，是指每个人都渴望实现的理想状态。然而，阿德勒心理学认为一个人不可能达到绝对完美的状态。

换言之，无论我们如何努力追求都不可能百分之百地达到完美。尽管如此，越是倾向于完美主义的人越执着于获得满分，因此他们时时刻刻都在因为担心事情进展不顺或失败而烦恼不已。

要素 2　敢于接受不完美

完美的目标会诱使人付出不必要的努力，进而导致种种压力产生。我们要设定可实现目标而非刻意追求完美，这就是敢于接受不完美的勇气。

> 清晰！
>
> | 第5回合 | 第7回合 | 登顶 |
> |---|---|---|
> | 🍩 | 🍩 | |
> | 6/15 | 8/1 | 9/20 |

这次有可能坚持到第7回合。

此次已经达成目标！下次继续努力！

　　解决这个烦恼的唯一途径就是敢于接受生活中的种种不完美。具体来说，我们在工作中和人际关系中不要以满分为目标，而应该鼓足勇气接受可实现目标（如经过努力取得了70分）。总而言之，就是要积极地接受努力的结果。

认为自己是 无用之徒

有些人一旦在工作中出现重大失误就会产生负罪感从而停止前进的脚步。

竟然会犯这样的错误！

我真是个没用的家伙！

怎么突然这样了？！

就是因为这样的性格才事事不顺！

说说看嘛！

怎么啦？怎么啦？

❶ 我是个没用的人！

有些人在工作中出现差错或者给公司和同事带来巨大困扰时，往往会否定自身能力。尤其一旦将不好的结果归咎于自身性格的话，就会导致自责情绪逐渐升级……

❷ 立刻道歉

由于无法摆脱在工作中犯错的内疚感进而不断地怀疑自己有可能再次犯错，不知不觉间就会养成只要有人给自己打招呼就立刻道歉的习惯。

不好意思，打扰一下！

为什么要道歉呢？

对不起！请问怎么了？

接下来要完成这项工作！没问题吧？

没问题……

❸ 封闭在自我空间之内

任何人都会犯错，但有些人因犯错而备受打击，将自己关在狭窄的自我空间之中，并只围绕工作进行最低限度的沟通。

觉得自己一无是处的时候

认清 **"负罪感"** 的真面目

认清『负罪感』的真面目

如果过于沉浸在负罪感之中就很难向前迈出新的一步。正确控制有助于我们实施下一步的举措，从而保持积极心态。

> 因为我是一个没用的人。

> 无论我说什么，他好像都听不进去……

要素 1　出现抵抗心理

在强烈负罪感的驱使下过度贬低自己的行为是向外界传达一种自我反省的信号，这实际上是对周围充满抵抗心理的表现。这种态度可以被看作是期望从他人那里获得安慰和同情。

不要轻易利用负罪感

　　任何人在给别人添麻烦的时候都会产生负罪感。负罪感是所有人都会产生的一种自卑感。

　　然而，刻意强调自己是无用之人的这种自我贬低其实是一种掩饰，也是对周围人持抵抗心理的表现。如果认真分析这种过度负罪感的话就会发现其本质是一种不想被他人指责的罪恶情结。负罪感给了他

要素 2　罪恶情结

由于自身原因而给公司或他人带来麻烦之时，我们通常会采取各种补救措施。然而，一旦负罪感过于强烈就会筑起"罪恶情结"的高墙并切断与周围人的交流，甚至还会释放出周围人都不理解自己的抵抗信号来彰显自我的正当性。

们逃避的机会，以至于会产生"我已经进行了深刻的反省，希望你能接受我。如果你不接受我，那么你就是个冷漠的人"一类的想法。这无异于将责任转嫁给他人并试图实现自我正当化。

产生负罪感是一件平常的事情，但重要的是要与这种情绪保持适当距离。与其一直逃避过去的错误，倒不如从失败经历中吸取教训并思考在未来如何改变自己。

渴望得到表扬

因渴望得到表扬而展开行动，实际上这是一种想要隐藏自卑感的体现。我们要认真思考一下为什么渴望得到表扬。

每天都很努力却得不到任何表扬。

你也没有夸赞别人呀！

❶ 感觉自己的努力没有得到认可

明明自己比任何人都在努力工作，但上司却表扬了其他人。自己为什么得不到表扬呢？该怎么做才能得到认可？这些问题会令人变得焦躁不安。

❷ 很难拒绝他人的请求

即便是在自己工作繁忙的时候也很难拒绝他人的请求，甚至在他人向自己表示感谢之时还会心生喜悦。如果付出的努力没有得到相应的感谢，他们就会变得焦躁不安。

渴望得到表扬的人
要灵活应对 **"认可需求"**

灵活应对『认可需求』

行为动机是否是渴望获得他人表扬呢？这种认可需求与自卑感正相反。

我比谁都厉害！

无论如何也无法克服。

正相反

优越感　　自卑感

自卑感的反面

试图通过炫耀来获得优越感实际上是一种因无法克服自卑感而渴望补偿紧张状态的心理活动体现。优越感和自卑感好似一枚硬币的两面。

渴望获得表扬是一种认可需求

　　渴望获得他人表扬的认可需求，反过来讲也是一种认为自己未获得周围人认可的自卑状态。想要夸耀自身功劳的背后隐藏着渴望得到认可的心情。

　　阿德勒心理学认为，认可需求就是把自身决定权交给他人。无论是通过吹嘘把自卑感变成优越感来寻求认可，还是通过赞美来确认自

> 资料准备和演讲过程
> 都非常顺利！

> 按时交货！

> 按时交货！
> 我真是太厉害了！

要素 2 为自己喝彩！

阿德勒心理学认为"表扬"和"鼓励"是不同的，但是表扬自身又要另当别论。当我们缺乏来自周围人的鼓励时，要敢于认可自己取得的成绩并为自己喝彩。

身价值，这两者都是试图由别人来决定自我价值。

　　人们之所以会产生认可需求是因为共同体没有给予当事人足够的勇气。为了不被认可需求牵着鼻子走，我们要毫不吝啬地进行表扬。特别是当我们学会对自己的优秀表现加以喝彩之后，才能够真正做到不被他人的评价所左右情绪。

不知道以何为目标
来采取行动

当面对繁重的工作不知所措或者在团队中找不到合适角色时，
我们往往会对自我价值产生深深的怀疑。

虽然现在还勉强
说得过去……

提不起干劲。

一直以这种状态工
作下去的话，将来
会怎样呢?

❶ 没有具体的目标

如果在没有清晰目标的状态下
稀里糊涂地开展工作，那么终有
一天会对未来深感不安并失去
动力。

互相配合努力
工作吧!

好的!

❷ 找不到存在的意义

虽然始终瞄准团队目标，但并没有树立个人目标。现在的工作缺了自己仍然可以正常运作，这不禁让人感觉自己只是一个齿轮……

我们共同
完成吧!

能代替我的人
有很多……

最有效率的做法
是……

**❸ 通往目标的道路
不明晰**

虽然树立了最终目标，但始终看不到通往目标的道路。在寻找最高效且最快捷的方法的过程中不断浪费时间却始终无法展开行动……

不知道以何为目标
来采取行动的人
要明确目标。

不知道以何为目标来采取行动的人要

明确**目标**

明确目标

模糊的计划和过于宏观的目标反而会阻碍前进的步伐。

你工作的理由是什么?

为了挣钱……

为了出人头地!

要素 1 目标因人而异

即使是就职于同一家公司的员工,其目标也会因人而异。明确为什么而工作是设定目标的第一步。如果什么都想不出来的话,那么暂时就把"找到目标"作为目标吧!

逐步完成小目标

阿德勒心理学认为,任何人都有自己的目标。目标因人而异,时而具体,时而模糊。这是因为目标本来就是个人的主观感受。

因此,在制定目标时首先要明确制定的理由。持续制定具体目标就能够明白应该如何展开行动。当我们察觉到明明有任务在身,却丝毫没有朝着目标前进之时,就要把眼前的任务分割开来并按顺序逐步完

要素 2　**分配任务**

如果是以团队形式开展工作，我们就要考虑自己能够在哪些方面做出贡献。切实做好力所能及的事情也是一种贡献，这有利于我们朝着更好的目标前进。

我来负责这一部分吧！

剩下的事就交由我的团队去做吧！

要素 3　**向前一步**

即使树立了目标，如果不采取行动的话也绝对无法实现。只有一步步地前进才能接近目标，因此首先要做的是行动起来。只有目标而没有行动就等同于没有目标。

怎么才能跨过去呢？

总之要尝试跳一跳！

成，这样才会产生一种逐步接近目标的感觉。

　　如果你觉得目标过于遥远而不知如何是好，那极有可能是因为你过于追求完美。实际上，越是遥远的目标就越需要在前进过程中调整途径和方向，因此从一开始就追求完美的方法是不现实的。最好的方法是勇敢地踏出第一步，之后在前进的过程中根据实际情况进行调整。

阿德勒心理学与日本人

由 阿德勒创立的阿德勒心理学在现代日本社会中被广泛接受，其原因与日本人的两种性格有关。

一个是容易产生必须和大家保持一样的同调压力；另一个则是对认可的强烈渴望和对失去爱的恐惧，具体体现为渴望获得大家的喜爱而不想被讨厌。这两种状态都是在等待他人的认可，即把自我评价权交给了他人。可以说直至近年来，许多日本人的生活方式都没有偏离这一准则。然而，随着时代的变迁和全球化的发展，社会中多种多样的人际交往变得日趋紧密复杂，并且，以"3·11"日本地震为契机萌发的"纽带"意识促进了共同体感觉的觉醒。

在一个多元化发展的社会中，人与人之间的冲突也日益增加，而解决冲突的方法就是阿德勒心理学中提出的"每个人都是独一无二的"这一观点。阿德勒心理学主张，我们要相互承认彼此的独特之处并通过鼓励对方来构建人际关系，从而让每个人都能够感受到自己在共同体中所做的贡献。对于深陷认可需求泥淖之中的日本人而言，这向他们展示了人类的生存方式和前进道路。

如何面对脆弱的自己

　　人一旦变得消极，就会进入恶性循环，甚至会变得愈发消沉。越是这样的时候就越应该暂时停下脚步重新审视现在的自己。最重要的是，了解自身焦虑和不安的问题所在并分析如何才能解决这些烦恼。

被失败的阴影牵着鼻子走 而变得意志消沉

当自己缺乏自信或者因为害怕失败而不敢行动之时应该怎么办呢?

这种失败结果太丢脸了吧!

领导认为我太过于得意忘形了……

竟然会犯这么低级的错误……

❶ 犯了不该犯的错误

在习惯工作之后为了改进业务而稍微调整了工作程序,结果导致低级错误出现。我为自己的得意忘形感到羞愧,从那以后就失去了积极行动的自信。

真是一个好主意！

❷ 因缺乏自信而未能 把握发言机会

有些人感觉自己的观点永远是错误的，所以从不主动说出意见。但当其他人说出同样的观点并获得大家的赞同之后，又会为自己缺乏发言的勇气而郁闷不已。

谢谢！

我也想到了……要是早些说出来就好了。

❸ 把事情委托于他人

自己不能主动地向遇到困难的后辈伸出援手，也无法率先投入到新的工作中……对只会敷衍了事的自己感到厌烦。

我会做好这件事的！

虽然已经注意到了这个问题，但还是倾向于把任务安排给别人……

啊！嗯……

被失败的阴影牵着鼻子走而变得意志消沉之时

找出能够做出的贡献

找出能够做出的贡献

因缺乏成功经验或不断重复失败的话就会丧失自信，但正因为有过失败体验才能够积累经验并在将来发挥作用。

已经不行了。

挑战！

起点

再挑战一次！

屡战屡败。

目标

要素 1　挑战的证明

阿德勒心理学并没有对失败持否定态度，它认为这是自己挑战的证明。人能从失败中学习掌握成功的方法。

接受失败并树立贡献意识

　　每次做什么都会出现许多错误，这次可能又会以失败告终，想要展开行动却怎么也提不起勇气……人生中缺乏成功体验的人很难对自身产生自信。

　　然而，失败是挑战的证据。很多人认为成功和失败是相互对立的，但失败其实是通往成功目标途中的检查点。因为失败而失去自信

要素 2

从失败中学习

因为自身原因而导致失败的话很容易丧失自信，但正是这种失败为我们提供了成长经验。只有正确地回顾总结失败的原因才能够获得进步。

失败了……

失败的原因竟然是这个呀！

过去

打铁要趁热！

现在

等一等！我以前也曾经尝试过这种方式，最后却以失败告终。

将来

的时候可以通过共同体感觉来平复心情。认真思考如何利用失败对未来做出贡献是非常重要的。

即便在做某件事情的过程中遇到阻碍，只要想着"如果我不采取行动就学不到任何东西，但现在我掌握了避开障碍的最佳方法，所以即使犯了错误也算是一种进步"，这样就能促进自身成长并做出贡献。

为什么当初会做出那种事情呢

生活中充满了后悔。"如果在当时那样做就好了……"无论在任何年龄段，想要克服后悔都非易事。

好麻烦！

推迟缓办。

为什么会做出那样的判断？

都怪那时候投机取巧……

每次回想起来都非常痛苦……

❶ 如果当时再努力一下就好了……

因为草率的判断而错失工作中的重大机会，我们就会责怪过去的自己为什么会做出错误的决定，进而追悔莫及。

你挣的钱明明
也不多嘛!

❷ 无意中伤害他人

在人际关系中会不自觉地感情用
事，之后意识到自己可能伤害到
他人而深觉不安甚至陷入自我厌
恶之中。

当时说的话也太
过分了……

啊! 好忙碌呀!

❸ 假装没注意到需要帮助
的人

即使身边有人因为工作而烦恼不已，
我们有时也会因为太忙碌而没有时间
倾听他们的苦恼，最终索性装作视而
不见。然而，这种视若无睹的结果会
引发强烈的负罪感和懊悔……

到底该怎么办
才好呢……

为过往之事后悔不已时该

如何坦然接受 过去的失败

如何坦然接受过去的失败

当你想起过去的失败经历时会感到沮丧，但重要的是要意识到正是这些要素造就了现在的你。

那样的失败怎能原谅啊……

已经过去啦！别在意了！

过去　　现在

要素1　接纳过去的自己

对过去的失败感到后悔就是无法原谅过去失败的自己。接纳失败和遗憾是摆脱后悔的第一步。

原谅过去的自己

谁都有过为失败或失去重要东西而后悔不已的经历。自我接纳不仅是要接纳现在的自己，还包括接纳过去的自己。换言之，就像接纳现在有缺点的自己一样去接受以往失败的自己。

阿德勒说："任何经历本身都不是成功或失败的原因。"这就是说没有必要对过去的经历进行好坏评判。

要素 2　无所谓好坏的接受方式

过去的经历是塑造现在自身的一部分。因为无法抹去它，所以只能坦然地接受。重要的是思考如何把这些经历转变成对今后自己有建设性意义的东西。

即使我们因始终无法原谅当时的自己而懊悔不已，过去始终也是无法改变的。

正因为如此，我们只能鼓起勇气去接受无法改变的事实，之后认真观察分析现状并做出改变才是重要的。

虽然想要迎接挑战
但无法消除担忧情绪

即使想要挑战新事物也会因为各种各样的担忧而踩急刹车。

我不擅长口头表达啊……

这个……那个……

你应聘本公司的动机是什么呢?

呃?什么?

❶ 消极的语言在不知不觉间成为现实

"我没有学历且工作效率低下……"如果我们在与他人产生差距时总是找诸如此类的消极理由为自己开脱的话,那么在不知不觉间就真的落后于他人了。

我觉得还是改善一下比较好……

❷ 即使偶尔尝试也会因失败而懊悔

总是把"反正我这种人不可能做得好"这类消极的口头禅挂在嘴边，这样一来无论做什么事情都会缺乏自信。即便鼓足勇气付诸行动，一旦失败也会追悔莫及。

是要擅自进行改变吗? 我觉得还是跟以前保持一致比较好。

困难的事情不可能办到。

❸ 做不好还不如不去做

因为受过失败的创伤，所以脑海中无法构想出成功的前景。在此过程中你会觉得任何人都不会对自己产生期待，因此就不再积极地展开行动。

今后的人生一定也不会一帆风顺吧?

渴望迎接挑战但无法消除担忧情绪的人
要学会**知足常乐**

学会**知足常乐**

妄自菲薄心态的背后隐藏着一种无意识追求完美的态度。

其实我非常不安。

心跳加速

交给我吧！

自信

要素 1 "像'某某'那样"

人们都有一种心理习惯，那就是把自己想象成"某某"，然后再按照自己的想象展开行动。如果你能够有效利用这种思维方式把自己想象为成功人士的话，那么很快就会发现自己的行为充满了自信。

认可自己以往的成绩

有的人在结果出来之前就陷入自我否定，这是根据自己的主观臆断做出判断的。那些感叹自己缺乏自信、魅力和运气的人之所以会变成这样，是因为他们一直按照"像'某某'那样"的行为标准展开行动。此时，只要他们将行为标准设定为"像自信人群一样"的话，终有一天会产生积极效果。最重要的不是刻意追求完美，而是追求恰到好处的

要素 2　追求"恰到好处"而非"完美无缺"

英国的儿科医生兼精神科医生唐纳德·温尼科特在接触很多孩子和他们的母亲之后，发现知足常乐的母亲对亲子双方都有积极影响。换言之，你不必追求完美，只需做到"足够好"就可以了，哪怕偶尔遇到失败也不必过度害怕。

> 来不及了！

> 您看这样可以吗？

> 非常棒！谢谢你。

> 即便不完美也没关系……

状态。

阿德勒说过："每个人都是命运的主人。"如果你能够在为自己喝彩的同时进行积极的"像'某某'那样"实践，那么就不会被命运牵着鼻子走，从而创造出属于自己的人生。

不明白
幸福的意义

财富和名声是"幸福"的一部分但并非全部，那么我们应该如何面对深感不满的心灵呢？

❶ 我有一定程度的自由财产，但是……

虽然在股票和商业中大获成功，物质上非常富有，但总觉得不满足。有不少人一直在寻找能够填补心灵空缺的东西。

不满足。

我告辞了。

❷ 虽然比别人更早出人头地

因为热爱工作而拼命努力，等回过神来才发现自己的地位越来越高却没有足够的时间去做自己想做的事情……结果与所做的事情不相称会令人感觉沮丧空虚。

是什么造就了如今的伟大？

您辛苦了。

真厉害呀！

不愧是你呀！

他们真的是这样想的吗？

❸ 虽然多次受到大家的表扬……

努力拼搏的结果是得到了周围人的认可，但是和大家的关系似乎很淡薄。感觉接近自己的都是想要利用自己的人，因此心情迟迟无法放松。

不明白幸福意义的人要

找回幸福印象

找回幸福印象

无论在别人看来如何幸福，自己却没有这种感觉。这样的人可能已经失去了『幸福印象』。

要素 1 幸福印象

之所以会觉得没有得到满足，是因为理想中的自己和现实存在较大距离。但是，我们要扪心自问：究竟要满足的是什么？

事实上，你可能比想象中的更幸福。

获得幸福的 3 个必要条件

即使是拥有地位、名声、金钱的成功人士也会时常感到不满足或者不幸福，原因就在于他们缺乏"幸福印象"。

其实，能够拥有下面提到的 3 种感觉，就会产生"幸福印象"。

第一是做到"自我接纳"，即感觉做真实的自己就好；第二是从与周围的联系中感受到信任感；第三是感受对周围人有所帮助的贡献感。

要素 2 幸福的标准取决于自己

如果我们因为不相信周围人而无法内心平静或者即使得到了他人的好评和称赞也无法相信对方的话，那么就不会感到幸福。究竟什么会让自己感到满足和幸福要取决于每个人的想法。

只要缺少 3 种感觉中的任何一个就无法获得"幸福印象"。相反，如果拥有了这些感觉就能够具体地想象出什么样的自己才是幸福的，从而不断提高对幸福的敏感度。

心灵的耐力
耗尽了

即便认为现在正是努力的时候也无法按照自己的想法展开行动。虽然有时候想要拼搏一把，但往往会止步不前。

好的，
谢谢。

已经不行了……

❶ 不明白继续工作的意义

即使努力完成了工作也没有成就感，一旦被委派下一份工作反而会变得郁闷，进而会对是否要继续努力抱有疑问。

要坚持到什么
时候呢……

❷ 每次提起干劲迎接挑战 都会重复失败

越是干劲十足地投入工作就越会造成更多的失误。付出努力却得不到理想结果时该怎么办……

为什么呢?

虽然我把电脑带回来了，但是……

❸ 一回到家就感觉 空虚

只要把没有完成的工作带回家，就会产生一种莫名的虚无感和排斥感。最终结果是无法开展工作反而积累疲劳……

心灵的耐力消耗殆尽时要

通过 "休养" 来努力恢复

通过『休养』来努力恢复

正因为拼命努力过，所以一旦停下脚步就很难再次行动起来。在这种情况下，首先要考虑如何才能恢复身心的轻松。

稍微休息一下吧！

距离最终目标还很遥远！

要素 1　人生是漫长的阶梯

在被称为"人生百年时代"的今天想要爬完漫长的阶梯需要相当大的能量。如果一直朝上攀爬必定会气喘吁吁，因此我们无须不停歇地持续攀登。

人生需要休息

虽然没油的车无法发动是理所当然的事情，但同样的情况发生在我们身上时，却会认为自己的力气本该是用之不竭的，并把不好的结果归咎于自己的懈怠懒惰。

人生就像不断攀登漫长的阶梯，如果过于着急必定会气喘吁吁。如果拼尽全力仍然没有效果的话，那就是到了要给自己补充营养的休

要素 2　疲惫不堪之时是休养的好时机

喘不过气来的时候恰好是给自己补充营养的"休养"时机。此时，我们就大胆地去做自己喜欢的事或者令自己感觉舒服的事来为重新攀爬人生阶梯提供营养吧！

> 你太过拼命了，还是休息一下吧！

要素 3　聚焦以往的业绩

在气喘吁吁的状态下是无法如愿继续攀爬阶梯的。偶尔回过头来看一看你爬了多远，这样在回顾过往成绩的过程中就会涌现出再次攀登的勇气。

> 已经爬这么高了！

> 自己果然一直很努力呀！

养时机了。

　　一旦抽出时间休养的话，不妨回顾一下自己至今为止走过的路吧。聚焦于过往的经历和业绩是确认自己到底有多努力的好方法。如果不好好调养身体而一味匆忙奔跑的话，到最后只会缩短加油的时间。因此，在完全恢复体力和心力之前好好休息就可以了。

变得自暴自弃

日复一日的工作、毫无回报的努力以及麻烦不断的私人生活……各种各样的事情叠加在一起，有时会令人自暴自弃。

怎么做都来不及了!

就连电脑也罢工了吗?

啊!好生气!

现在不想跟你说话啊……

❶ 所有的事情都让我气愤不已!

一旦遇到赶不上截止日期一类的状况，就会想为什么只有自己如此不顺。一旦这样的想法涌上心头就会忍不住向周围的人或物发泄怒气，但却对工作来不及完成这一真正的问题视而不见。

漫不经心地敷衍了事。

❷ 总之做完就行了吧?

面对无论如何努力都不可能完成的工作会失去干劲，抱着"只要能做完就好了"的自暴自弃心态草率地完成工作。这是一种即便事后被骂也无所谓的暂时性将错就错。

像孩子一样耍赖……

❸ 都是上司的错!

当不情愿地开展工作且进展不顺利时，为了维护自己的颜面而大肆强调错不在己，这其实是一种刻意逃避问题的态度。

已经不行了!

都怪那个家伙把任务交给我!

自暴自弃之时
切记**不可丧失体面**

切记不可丧失体面

在经历内心痛苦，变得异常暴躁的时候更要维持自己的尊严。

> 承受巨大压力时也不要打击报复。

要素 1 保持体面

当别人做了自己不喜欢的事情时，以牙还牙是一种把自身品位拉低到与对方同等水平的行为。

守护自己的体面和自尊心

接受真实的自己就是"自我接纳"，同时也意味着要拥有自尊心。如字面意思，为了尊重自己而不去做有失体面的事是非常重要的。

在公司或私人生活中遇到令自己讨厌的事情之时，我们或许会觉得无所谓，并想让一切尽快过去，也或许在感受到别人伤害之时，打算伺机报复。然而，对别人做出你不希望别人对你做出的事情是有损体面

the. 如果把自己变成一个"令人讨厌的人"，那么就无法保持自尊心。

越是在这种时候就越要有意识地去帮助别人，或表达感激之情，或去做一些能让自己产生贡献感的事情。只有意识到自己能够冷静地应对、处理压力才能保持自尊心。

对人生
产生厌倦之感

有时你会对职场中的人际关系感到厌倦，并羡慕自由生活的人……
遇到诸多不顺之时会想要放弃一切。

❶ 所有的努力都化作泡影

全身心地投入工作却因为上司的一声呵斥而深受打击。自身的想法和努力都化为泡影，这样不仅无法重新振作精神，甚至失去了干劲。

我已经付出了一切，结果却……
我讨厌这样的人生……

已经坚持不下去了，让一切结束吧……

❷ 面对难缠的人会感觉疲惫不堪

一个工作起来敷衍了事却一直要求员工实时跟进的上司，总是给我安排各种无聊的工作和杂务。现在一看见他的脸就会觉得厌烦，就连工作的力气都消失殆尽了。

对不起，我今天身体不舒服。

为什么那种人能当上领导……

我需要的资料准备好了吗?

❸ 羡慕那些能够按自身意愿生活的人

身边有些人完全不在意周围人的看法，而自己则因为过于在意周围人的眼光而感觉疲惫不堪，有时甚至会感觉自己走过的人生之路非常荒诞……

真羡慕别人的钝感力。

对人生产生厌倦之感的时候要

学会从**绝望**中走出来

学会从绝望中走出来

每个人在人生之旅中都会遇到挫折和困难，此时我们就需要掌握一些办法从消极中摆脱出来。

这不是比平坦的人生更有趣吗！！

人生

要素 1　人生就是不断克服的过程

每个人都会面对困难，偶尔也会遇到挫折。所谓"人生"就是一边克服工作、交友和家庭方面的种种生活问题一边坚强走下去。

从主观的视角出发做出贡献

阿德勒心理学认为，人生是由"工作""交友（亲密关系）"和"爱（家庭）"这3个人生课题组成的。换言之，人生就是在不断应对处理这三大方面出现的种种问题。无论问题大小、难易程度如何，人生就是不断克服的过程。无论看起来如何成功的人都面临着自己的问题，只有克服了这些问题才能够获得成长。

要素 **2** 时刻走在成长的道路上

人在日常生活中总会感到不满足或者自卑。这种自卑感是时常会出现的，因为人们在成长的过程中会不断遇到各种各样的问题。

逐个克服自卑感!

要素 **3** 主观贡献

很多人没有意识到自己的某些行为会给周围人带来帮助，例如结账时的道谢会给店员打气，或者购买行为本身就是对店铺的销售业绩做出贡献。因此，对作为共同体一员且做出相应贡献的自己给予认可是非常重要的。

好开心! 我现在充满干劲!

谢谢你!

　　尽管如此，当我们感受到痛苦之时需要密切关注"贡献感"，因为这才是感受幸福的重要因素。思考人生意义之时，首先要承认自己在某种场合或者对某个人及事物是有价值的。此时的判断标准并非是否得到他人的感谢，而是主观感觉自己是否做出了贡献。

阿德勒心理学与人际关系

阿德勒认为自卑感不是疾病而是对正常努力与成长的刺激，我们应该用肯定的态度去接受它而非予以否定。所谓自卑感，就是觉得自己在某些方面逊色于他人。与身体器官缺陷引发的自卑感或是把自卑感当作逃避生活问题借口的"自卑情结"不同，只要是想活得更好的人都会产生这种感情。最重要的是自己要能够接受并克服这种自卑感，继而与他人建立积极的关系。

然而，这并不意味着只要正确处理自卑感就一定会受到周围人的喜欢。想要被所有人喜欢其实是一种认可需求的心理表现，在这一点上人与人之间都是相通的。

每个人身边都会有两成合得来的人、七成关系普通的人和一成完全不投脾气的人，这被称为"相容法则"。无论多么优秀的人都不可能获得所有人的青睐，同样也不存在被所有人都讨厌的人。换言之，想要被所有人都喜欢是不可能的。同样，被周围所有人讨厌也是不可能的。因为人们都在为自己的事情而竭尽全力，他们并没有你想象中的那么关注你。因此，超越"喜欢 / 讨厌"的判断标准并建立起相互合作的关系才是最重要的。

不为人际关系所困扰的
阿德勒心理学

截至目前，我已经向大家介绍了如何更好地了解自己并逐步走向成熟。阿德勒也说过，"所有的烦恼都是在人际关系中产生的"，人际关系中非常容易出现各种"棘手情况"。接下来，我们将从阿德勒心理学的角度来思考如何解决问题。

当无法善待
自己或他人之时

在现代社会中，无论是工作方面还是私人生活方面的富余时间都在不断被压缩。

我明明这么辛苦却没有人来帮忙！

❶ 对别人的工作表现说三道四

如果你处于工作繁忙或者私人问题层出不穷的状态之中就会身心俱疲，不知不觉间会对自己和他人都感到厌烦。

抱怨真多啊……

我没有时间去帮助别人。

我在监视你有没有偷懒。

❷ 因意见不合而争吵起来

有时，我们对于意见完全不一致的上司和同事会产生敌对意识。意见不合会导致人际关系扭曲。

一定要得出个结果。

你的脸色不好，没事吧？

❸ 为了挽回颜面而把自己逼入绝境

在工作中犯了错误之后，为了挽回颜面而硬着头皮往前走，否则就会感到不安。然而，逼迫自己的结果是效率越来越低。

无法善待自己或他人的人要

学会宽容

学会宽容

别人不顺从你的意愿是理所当然的事情。如果能理解这一点的话，我们就能够坦然接受他人乃至自己的缺点。

我认可我自己！

别人也会认可我的。

感觉轻松多了。

要素 1 **自我接纳**

每个人始终都在做自己。即使你易怒、时间观念较差或工作能力低下，在坦然接受事实的基础上继续走下去才是最重要的。

宽容比紧盯错误更重要

人们总喜欢把关注点放在错误上，而过于低估细小的成功。

建立良好人际关系的基础是承认他人的长处并倾听少数派的意见。如果做不到这一点的话，那么对他人的评价就会变得异常苛刻，这主要是因为我们没有很好地做到自我接纳。

一旦真正做到了自我接纳，我们就会意识到对方与自己一样都具有

要素 2 宽容

良好人际关系的基础是互相认可对方的意见和想法。维持良好关系的秘诀是以自我接纳的方式善待自己并以宽容的态度接受他人的意见。如果你倾向于在无意间严格要求他人，首先就要想一想自己是否接纳了自己。

诸多侧面，这样就会在内心深处像宽容自己一样善待他人。

学会宽容是摆脱"正因为不能原谅自身缺点，所以也不能原谅他人缺点"这种负面循环的关键。我们可以通过调整心态来降低对他人的愤怒值。

讨厌只看到
别人缺点的自己

指示内容动不动就变的上司、工作能力差的同事或后辈……我们为什么总是看到别人的缺点呢?

我不是说过要小心那个人吗?

那…那只是单方面的……

❶ 不能妥善完成工作的下属

当下属汇报工作失误而你不得不收拾烂摊子之时,可能会斥责他说"都怪你没有及时采取措施",这种因为一时冲动而脱口而出的话有时会令我们后悔不已。

② 想法不合的伙伴

对于那些与自身想法不一致的人，我们往往会认定无法和他和平相处下去或者对他的一言一行感到生气，更不会想和他成为好朋友。

科长，你是不是太焦躁了？

别再火上浇油了，你真是……

要是换作我的话早就坚持不下去了。

请不要在这里说风凉话！

③ 以自我为中心的工作方式令人焦虑

在大家默默工作的时候，如果有人不断叫嚣自己过于劳累或者无法坚持下去的话，或许你会忍不住斥责他们说："大家都在忍耐，请不要说出这样令人丧失动力的话！"

如果你讨厌只看到别人缺点的自己

有可能是**共同体感觉**迟钝

有可能是共同体感觉迟钝

不想和特定的对象一起工作，或许是因为自己的共同体感觉变得淡薄了。

我希望能好好地听你倾诉。

你是遇到什么困难了吗？可以找我谈一谈呀！

呜呜……我到底该怎么办……

要素1 理解比找碴更重要

死盯他人缺点不放的背后隐藏着对对方极强的不信任感。在这种情况下尝试理解对方是很重要的，例如能够站在对方的角度考虑得失等。

在找碴之前认真思考并付诸行动

当我们不断挑剔别人毛病的时候可能会觉得自身性格有缺陷，实际上这种喜欢紧盯他人缺点和短处的倾向，是一种为了获得优于别人的满足感从而彰显自身正当化的心理。另外，给他人泼冷水的行为也是基于同样的道理，这是因为我们未能与对方建立起相互信任、富有同情共感和乐于贡献的共同体感觉。

要素 2 真心喝彩而非泼冷水

泼冷水是挫伤勇气的杀手之一，它对对方和自己都没有好处。真心喝彩
不但能够给予对方勇气，而且还有利于同伴与自己培养出惺惺相惜的共
同体感觉。

> 感谢你这么快就把
> 难言之隐告诉我!

> 是的!

> 能够向你倾诉
> 真是太好了!

　　蔑视对方或挫伤对方勇气的泼冷水行为无法带来任何积极影响，
我们与其在这上面浪费时间而陷入自我厌恶，倒不如把时间用来解决
自身和对方的问题，这样反而更有建设性意义。

　　注意到他人的缺点说明你在认真地观察对方，下一步就要发掘他
们的优点并坦诚地进行表扬，这种喝彩行为能够给予对方勇气。这在
一定程度上也会成为我们改变自身的契机。

119

不能融洽地
与他人相处

虽然我不擅长沟通和与人交往，但是我的确想和大家成为好朋友——
有这种烦恼的人不在少数。

❶ 有被他人排挤的痛苦记忆

因为有过在学生时代被集体孤立的痛苦
经历，所以害怕加入集体而选择一个人
独处。

这个要拜托你啦！对了，要不要一起去喝酒？

❷ 不擅长闲聊

我以前就因为不擅长闲聊而无法交到朋友，现在不知道除了工作以外还能和同事们聊什么话题，所以就一直在回避和同事聊天。

工作的事情我知道了，但是聚会有点儿……

去了能玩得开心吗……

已经谈妥了，大家马上行动吧！

❸ 讨厌跟不上节奏的自己

因为过于担心自己会扰乱气氛而无法加入对话之中，从而跟不上周围人的节奏和步伐……

哎？！我该怎么办……

又撒手不管了……

不能与他人融洽相处的人要

鼓起勇气迈出第一步

121

鼓起勇气迈出第一步

每个人都或多或少地面临着无法与周围人融洽相处的烦恼。但是，如果我们不能主动踏出第一步来建立联系的话就无法改变现状。

我要勇敢去做！

但是……还是算了吧……

是的

但是

失败

必须提前准备好借口。

要素 1 阻断"是的－但是"模式

"是的－但是"模式是指"好不容易做出了积极决定，但最终否定"，这是一种挫伤勇气的行为。无论面对他人还是自己，我们首先要把这种想法封锁起来。

吸取经验是最重要的

我们身处一个只需进行简单交流就能够生活下去的现代社会，于是就产生了无法与周围人融洽相处的烦恼。

拥有这种烦恼的人大多数都会被"是的－但是"模式所束缚，他们会在别人否定自身意见和想法之前主动打消念头并停止表达自己的想法。

要素 2 自我鼓励

别人无法看到我们心里想的事情，所以当我们同他们展开交谈或发表意见之时，要在内心深处表扬自己以鼓足勇气。

然而，从对方的角度来看与不知道在想什么的人融洽相处是非常困难的。因此，我们要果断地舍弃"但是"而积极地践行"是的"，这样就能够以乐观的态度展开行动了。

即便事情进展不顺利，结果最终也会成为对未来有积极意义的经验教训。如果你觉得自己已经成功地进行了沟通，那么不妨大胆地为自己喝彩吧！只要反复如此就能够从"是的－但是"的思维中摆脱出来。

羡慕他人

在与别人相比较之时会觉得自己稍逊一筹，这是因为我们时刻在聚焦自身缺点。

渐渐地掌握了诀窍！

我还赶不上他的一半……

原本是由我教他工作的。

没想到一下子就被赶超了。

❶ 一下子就被新人赶超了

自己教过的后辈转眼之间就超过了自己，因此作为前辈的你会感到非常郁闷……

❷ **工作速度落后于他人**

自己的工作量和大家差不多，却总是最后一个回家……有时会突然觉得自己很无能进而失去自信。

大家都很精明能干啊……

这次可以拜托你担任主要负责人吗？

❸ **在社交方面缩手缩脚**

我一直以来非常内向且不擅长与他人交往。我时常羡慕那些社交能力强、深受上司和部下爱戴的同事，同时又觉得自己不可能成为那样的人……

请交给我吧！我一定会出色地完成！

被大家依赖的感觉真好啊……

羡慕别人并非自卑

而是在**进步**

而是在**进步**

因为我们都有自己不擅长的事（有自卑感），所以可以发展其他特长来弥补短处。

要素 1 补偿

对于补偿而言最重要的是明确最终目标。当够不到树上的苹果时，其目标就是"收获果实"。只要明确了这一点就能够很清晰地制定"寻找梯子"或"拜托高个子人"等一系列补偿方法。当然，到达终点的方法不止一种。

缺乏弹跳力，所以够不着。

只要有梯子就能够轻松到达！

有自卑感才能够获得成长

每个人都会有自卑感。阿德勒本人因为个子矮而烦恼不已，他将其称为"器官缺陷"。

无论自卑感是源于器官缺陷还是自身能力都有相应的有效解决措施。其中最主要的就是利用其他事物来"补偿"自卑感。

自卑感是人们在面对目标和现状之间的差距时所产生的主观感觉

要素 2 **进步**

自卑感是意识到自己与对方的差距而产生的。能够弥补不足之处就意味着有发展的空间。

之一。通过与他人的比较来发现自己的不足之处，这也可以算作是一种"进步"。

　　一味地自卑毫无积极作用，只有积极地思考如何弥补不足并发挥创造力才是成长的关键。此时需要特别注意的是不要提出过高目标来挫伤自己的勇气。我们要有计划地提出小目标，然后在逐步实现的过程中感受成长进步。

不知道如何表扬他人

在想要称赞对方的时候会因为害羞、胆怯等原因经常做不好。

做得好啊！你真厉害！

啊，谢谢！

给人一种高高在上的感觉。

居高临下？

夸赞他人

❶ 不了解正确的表达方法

尽管很佩服同事的工作表现，却因为深信表扬是一种居高临下的体现，所以迟迟不敢说出口。为了避免让下属觉得自己高高在上，所以在不断寻找合适措辞的过程中错过了时机，最后也没有说出任何表扬的话……

❷ 会不会被认为是在"拍马屁"？

当我们非常感激上司的鞭策和鼓励之时，往往会想着说一些类似于"能够在你的团队工作是我的骄傲"等肺腑之言，但是又担心周围人会觉得自己在拍马屁，如此就不知道该如何开口了。

是吗？

能在部长这样的上司手下工作真是幸福！

怎么突然这么郑重其事？

一直以来深受您的照顾，非常感谢！

❸ 正因为关系亲密才羞于表达

面对关系密切的同事、伙伴或孩子之时，虽然内心充满了感激之情，却往往因为关系太近而羞于表达出来。

不知道如何表扬他人的时候要

学会**鼓足勇气**

学会鼓足勇气

「鼓励」是阿德勒心理学的基础。它不同于「表扬」，因此我们必须掌握这种看似相同实则不同的鼓励方法。

做得很好！
我要给予你表扬！

要素 1 "表扬"是上下级关系

"表扬"可以看作是"胡萝卜加大棒政策"中的"胡萝卜"。如果想要获得表扬成为行为动机，那么表扬程度一旦受限就会降低效果，而且会造成越来越多的人得不到表扬，无心开展工作的情形。

从一句"谢谢"开始

　　"表扬"是一种存在于上下级关系中的评价，它并非是建立在对等关系之上的。对方可能会为了获得表扬(不被批评)而改变行为动机。因此，我们需要做的是鼓励他们。

　　取而代之的是"给予勇气"。与必须不断给予对方良性评价的"表扬"不同，"鼓励"要求我们给予对方勇气以独立地展开行动。

感谢你送给我的资料，真是帮了大忙！

派上了用场呀！

要素2 鼓励对方

鼓励对方的目的是给予他们克服困难的活力。只要"有你在真是太好了""帮了我大忙"等纯粹的感谢之词能够让对方感受到贡献感，那么就可以深受鼓励。因此，我们就从关注对方的优点开始实践吧！

谢谢！

多亏了你，我才找到了这份工作。

感谢

鼓励

要素3 具体的感谢

"表扬"是一种居高临下的态度，而"感谢"只是表达心意，并不存在上下级关系。如果我们在不断表达谢意的过程中再加上具体的感谢内容，那么就会在更大程度上给予对方勇气。

　　我们没有必要把"鼓励"想得过于复杂，此时无须点明对方在哪些方面做得好，而是具体地向对方表示感谢即可，如"你制作的资料非常通俗易懂"或者"这对我提供了很大帮助，我非常高兴"，等等。

　　如此一来，对方的内心就会产生对共同体的贡献感，从而获得更多的勇气。

被信赖的人
背叛了

被信赖的人背叛会让我们对人际关系产生不信任感，那么如何才能从巨大的精神打击中振作起来呢？

没有人愿意相信我……

你知道吗？那个人……

❶ 别人在背地里说自己的坏话

当我们了解到别人在不为己知的背后中伤自己……结果就对整个共同体失去信赖感并时常感到不安。此后，经常会不由自主地觉得别人的议论可能是在说自己的坏话。

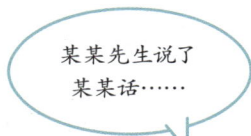

想出了点子就是胜利！

某某先生说了某某话……

❷ 被窃取灵感

自己把灵感告诉了同事，结果那个同事把该想法提交给了上司……功劳被夺走的事实致使不信任感越来越强烈。

❸ 被人告状了

因为信任对方才开的玩笑，结果被当成坏话告发了……这样不仅会失去彼此间的信任和尊重，而且还会影响周围人对自己的印象。

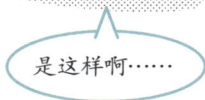

是这样啊……

被信赖的人背叛之后要

速度更快、范围更广地**重拾信任**

速度更快、范围更广地重拾

信任

原谅背叛自己的人是一件很困难的事情，再次信任对方更是难上加难，但实际上这才是最重要的。

我觉得很尴尬，但没想到他还是愿意跟我说话。

辛苦了！

让一切都过去吧！

要素 1 更快地尊重和信任他人

为了重新建立与对方的信任关系，首先要尝试再次信任对方。自己只需创造修复关系的契机，接下来就要看对方了。

用"信任"来回应"背叛"

之所以你会觉得被背叛，是因为你与对方的关系是建立在信赖基础之上的。在决定不再交往之前，最重要的是要对在以往信赖朋友、伙伴和同事的自己给予认可。之后，我们还是暂时接纳因受到背叛而气愤不已的自己。

如果别人窃取了我们的创意，不妨尝试积极地思考"他可能也有

同样的灵感"或者"自己的想法已经得到了认可，之后只需再努力就好了"。虽然你可能会因此产生抵触感，但还是应该以成熟的姿态更快且更多地重拾信任。

　　话虽如此，我们也没必要一味地忍耐。我们不妨告诉对方这种事情令自己深受打击，接下来就尝试再次信任对方并等待他们的反应即可。

居高临下地
指点江山

我们很容易在那些居高临下之人那里感受到各种各样的压力。

又开始自吹自擂了……

❶ 始终围绕自己展开话题

在不经意的谈话时，有些人总会不自觉地将话题转移到自己身上。虽然我们不能加以制止，但一直听对方自吹自擂会令人疲惫不堪。

我打算跟某某先生商量一下。

某某先生前段时间……

也就是说，我还是很有手段的……

我只是来报告的……

❷ 和过去相比，我现在很幸运

为了从以往的经验中吸取更多的知识而去请教前辈，却在不知不觉间聊起了以往的艰辛。自己明明是想要得到建议，但最终只是在回忆往事，这的确会让人郁闷不已。

以前很辛苦的……

我今天也没睡觉！

真是不容易啊……

❸ 我太忙了，根本没有时间睡觉

"忙得连睡觉的时间都没有""虽然感冒了，但是还在坚持工作"……这种"辛苦式"的自我满足随处可见。虽然当事人在强调自己的努力，但是用辛苦程度来衡量努力会令人感觉不妥当。

应对居高临下态度的关键在于
把控"优越感"

把控『优越感』

居高临下的态度只会令人感觉郁闷不畅，因此我们要在与这类人群打交道之前认真地审视自己的内心。

你连这个都不知道吗？
那是因为……

哇，
原来是这样啊……

要素 1 自我表现欲

自己知道对方不知道的事情往往会带来一定的优越感，这种试图通过贬低对方来提升自己的人都具有极强的自我表现欲。他们都具有一种渴望提高自身价值以凸显优越性的心理需求。

炫耀只是为了消除自卑感

那些动不动就摆出居高临下姿态的人到底是基于怎样的想法而傲慢自大呢？这种状态与认可需求都是强烈的自卑感表现。因为他们内心充满不安，所以一直在极力隐藏。

人一旦有了过度的自卑感，就无法作出正确的自我评价。他们会时刻责怪自己或者通过贬低他人来提高自我评价，因此这种为了满足自

要素 2 虚荣心

自我表现欲是指"希望别人认可自己的厉害之处",而"想要看起来比真实的自己更优秀"则是虚荣心的表现。越是自卑感强的人虚荣心就越强,就越加虚张声势地想让自己看起来更了不起。

全国第一!

小学生绘画竞赛

优秀奖

真厉害呀!

历史悠久的家族

稍微夸张一点儿也没关系吧?

虽然和现在的你没有关系……

他是我的朋友!

新闻

我表现欲而产生的优越感就逐渐显现出来。阿德勒把这种通过炫耀过去的业绩、家世、人脉等资源来彰显自身优越性的心理状态称为"虚荣心",但其本质目标就是为了隐藏自己内心的自卑。

认真对待这种自吹自擂的人只会令我们感到疲惫。一旦对方开始炫耀,我们无须放在心上。如果对方的"攻势"丝毫不减的话,敬而远之也不失为一个好方法。

某些前辈把自己的事情、想法强加于人

一旦高层人士认为工作时间的长短与意见正确与否可以画等号的话，就容易产生自上而下的恶劣环境。

❶ 既然发现还有其他工作，为什么不去做呢？

当我们发现除自己负责的任务之外还存在其他工作之时，往往会犹豫该不该插手。当询问前辈时，前辈却说："既然发现了为什么不去做呢？主动去做不是很正常吗？"此时不明所以地被骂了一顿，觉得自己如同抽到了下下签，很倒霉。

这个真的不要紧吗？

既然已经注意到了，那就赶紧去做呀！

有必要突然发怒吗？

既然这么说的话，那你自己来做吧！

让承包商来做就行了！

什么？

明明是非常重要的客户……

❷优先考虑公司的利益

承包商一直以来都非常热情地接待自己，我们也认为双方处于平等的关系。但是前辈却提出希望降低价格的指示，这样一来好不容易建立起来的信赖关系就会遭到破坏，这令我们感到不安……

嗯？

❸被迫加入背后说别人坏话的行列

我被迫加入了和前辈的闲聊之中。当她说出某个人的坏话之时，迫于压力的我不由得点了点头……

那个人完全靠不住呀！

你也是这么想的吧？！

我想是吧……

把自己的想法强加于人的前辈

可能缺乏常识

可能缺乏常识

在人际交往中，自己和对方的常识经常发生冲突。通过反复对话来达成共同常识，这对于圆满的人际关系而言非常重要。

要素 1　个人逻辑

人们在思考和理解某件事的时候往往会通过"主观"进行判断。阿德勒心理学把这种主观推导出来的逻辑（思考方式）称为"个人逻辑"。

如何消除强加于人的想法

我们在日常交流中往往会使用"普遍""理所当然"和"基本"等一类的词语，但实际上大家对"普遍"的理解未必一致。如果我们忽略这一点而直截了当地提出意见，那么对方就会觉得你在把自身想法强加于人。之所以会产生这种"偏差"，是因为我们的思维方式和判断都会受到主观的影响。

要素2 共鸣

从个人逻辑转化成"常识"需要彼此产生共鸣。因此，自己首先要与对方产生共鸣。只有自己和对方都能够接受彼此的想法，它才能作为一种常识发挥作用。

阿德勒心理学把个人的思维方式称为"个人逻辑"，把自己和对方共有的思维方式称为"常识"。与对方建立"常识"的关键在于"共鸣"。只要我们尝试站在对方的立场来思考问题就能够理解对方为什么会持有这种个人逻辑。

在与对方产生共鸣的基础上展开对话就能够慢慢培养出"常识"，从而进一步化解因将自身想法强加于人而引发的分歧。

案例
09

"远程办公" 让人际关系变得复杂

由于远程办公模式的推进而产生的物理距离有时会导致出现心灵距离。

❶ 会议不能顺利地进行

以前互相帮助的同事在视频会议中可能会就工作分配问题而发生争执。大家没有机会面对面沟通，甚至都不愿意发言了……

144

❷ 一旦拉开距离，后辈就一味地等待指示

请你明确地告诉我该怎么做……

我也有自己的工作呀……

有些极端被动的后辈总是缠在我们身边请求指示，否则便无法开展工作。虽然我们会因为没有很好地关注他们而深感抱歉，但又不得不怀疑他们是否在偷懒……

好像没什么问题吧？再见！

没有认真地听取我的报告。

❸ 报告成果时的反应冷淡

即使在视频会议上汇报了自己的工作量，但这并没有真正地扩大谈话范围。会议结束之后，又恢复到独自办公的状态。与以往每天去公司上班的时候相比，逐渐感觉自己不再是组织的一员了……

被远程办公模式破坏的人际关系需要

通过 **"对话"** 实现重建

通过『对话』实现重建

在新冠疫情的影响下，远程办公模式的推广导致员工间的交流减少，同事和朋友之间的人际关系也不再像以前那么融洽。

我会更加主动！

更多地相信你！

你要是这么说的话……

或许值得信赖。

要素 1　相互尊重·相互信任

阿德勒心理学中提出的"相互尊重·相互信任"始于"我主动""我更多"的精神。主动出击才能够与对方建立互相尊重和信赖的关系，而不能一味地强求对方尊重自己。

通过对话传递想法是非常重要的

以前在共同的工作场所内与同事们共享时间并建立起良好的人际关系，但是由新冠疫情导致的物理距离也在很大程度上拉大了精神距离，许多人为此苦恼不已。

阿德勒心理学认为，如果要想建立良好的人际关系就必须做到"相互尊重·相互信任"，而积累对话则是第一步。由于物理距离的关

要素 2　目标一致

在传达彼此想法和感受的过程中，最重要的是达成一致目标。如果目标一致，那么我们就能够以相同的眼光审视彼此的意见并认可对方的优点。

我们一起奔向终点吧！

好的！

终点

要素 3　合作

当双方相互尊重彼此的价值观和想法且保持一致目标的时候，就能够建立起合作关系。在同一目标的指引下和伙伴们共同展开行动，这样就能够建立起深厚的信任关系。

合作的话好处颇多！

系，我们无法像以往那样察觉到对方的表情和气氛。在这种情况下，我们必须有意识地通过语言来传达彼此的想法。对此，我们可以通过真挚的对话来树立共同目标，之后就能建立起相互合作的良好关系。

新冠疫情也为我们提供了一个可以通过语言来传达彼此的价值观并通过相互认同来建立更加牢固关系的机会。

和家人的关系出现了裂痕

随着远程办公模式的推广，越来越多的人苦恼于无法划清工作和家庭的界限。

我在昨天发送的邮件里提到了那件事……

啊，对不起！我刚刚没有听清楚……

真是太吵了！

❶ 居家办公的家庭成员之间的气氛很紧张

伴随越来越多的人选择居家办公，家庭变成了另一个办公场所，工作和休闲的空间变得异常混乱。在这样的情况下，一个不经意间的行为都会引发争执……

洗衣服、购物……

我明明也有自己的工作呀!

❷ 某一方承担家务会引发不满

在工作之余还需要完成各种家务的环境中，一旦家务的分配出现偏差的话就会引发种种不满。

我们还要工作呀!

❸ 照顾孩子十分辛苦

在家一边工作一边育儿的状况日趋增加，身处在必须同时关注多项事情的环境之中会使内心的从容逐渐被消磨掉。

不嘛! 不嘛!

我想要出去玩!

和家人的关系出现裂痕时要

深刻理解 **"爱 = 任务"**

深刻理解『爱 ＝ 任务』

『爱 ＝ 任务』听起来似乎很普通，但果断的思维方式也很重要。问题的存在也为建立更强劲的信任关系提供了机会。

接近的方法是……

我知道!

也可以在不互相伤害的前提下接近彼此吗?

要素 1　豪猪的困境

虽然我们经常用"豪猪的困境"来比喻双方想接近却无法接近的状态，但实际上豪猪们知道如何在不刺伤对方的前提下相互靠近。每个人心怀尊重和信任之感，彼此走近才能够缩短距离。

共同思考改进办法

人是社会性生物，因此阿德勒心理学认为家庭成员之间的问题也是"社会性问题"。

"豪猪的困境"经常用来比喻"正因为重视才想靠近对方，但靠近了反而会伤害对方"这样一种情形。这句话很好地表达了把握好彼此之间距离感的重要性，它同样适用于与家人的关系。

要素 2 谈话时间

你觉得怎么样？

我嘛……

为了在家庭成员之间构建起良好的合作关系，双方都必须认真地预留出对话的时间。尝试利用居家办公的机会增加与家人相处的时间，然后逐步延长温馨的谈话时间吧！

要素 3 逐步改善

为了改善状况，我们可以采取一种叫作"逐步改善"的方法。该方法要求我们不得指出任何问题，而应该在探讨如何才能做得更好的过程中逐步发现更多的线索。

这样做不是更好吗？

真是个好主意！

家庭成员之间展开合作的捷径，就是设定共同目标并留出时间来建设性地讨论该如何展开合作。此时，我们不要始终紧盯对方存在的问题，而应该通过"逐步改善"这一方法把焦点转移到如何才能变得更好。

只要我们站在对方身边并以同样的速度前进，那么就不会出现针锋相对的情形。

后 记

对现实生活有实际用途的书

你读完本书感觉如何呢？你是否真正理解并把握本书里面的知识了呢？如果是这样的话，请你再回到"前言"部分看一看我的愿望好吗？在这里我想再次强调：本书是为了在实际生活中发挥作用而精心设计的。

编著者对于本书的些许想法

我是这本书的编著者。作为编著者，我在某种程度上对原稿进行了修改。当原稿送到我手上之后，我认真地进行了阅读及点评。对于部分内容我提出重写要求，甚至有些部分需要大幅重写。此外，我真挚地邀请了新星出版社的编辑们通过线上和线下等多种形式召开若干次会议。正因如此，可以说我对本书倾注了更多的精力。总而言之，为了让这本书更加平易近人且在实际生活中发挥作用，我毫不懈怠地反复检查并最终完成了此书。

想要感谢的人

本书的问世离不开两位日方编辑老师的支持，他们两位从读者的角度出发对我进行严格要求。在提高书籍质量这一共同目标的指引下，我们从各自的视角出发互相交换意见，相互尊重彼此的观点并对内容进行了完善。在此，我向他们表示衷心的感谢。

　　同时，我也要感谢前来人类协会进行学习的学员和客户。如果没有他们，阿德勒心理学的观点就不会在现实生活中发挥作用。

　　最后，我要向读完本书的你奉上最诚挚的感谢。因为你已经在尝试将从本书中学到的知识运用到工作与生活之中。